두부영어와
함께 하는

초등
영문법 5
형식

뿌수기 100

저 자 이덕희, 이선미, 정아현, 황대욱, 김남의
발행인 고본화
발 행 반석출판사
2025년 3월 5일 초판 1쇄 인쇄
2025년 3월 10일 초판 1쇄 발행
홈페이지 www.bansok.co.kr
이메일 bansok@bansok.co.kr
블로그 blog.naver.com/bansokbooks

07547 서울시 강서구 양천로 583. B동 1007호
　　　　(서울시 강서구 염창동 240-21번지 우림블루나인 비즈니스센터 B동 1007호)
대표전화 02) 2093-3399 팩 스 02) 2093-3393
출 판 부 02) 2093-3395 영업부 02) 2093-3396
등록번호 제315-2008-000033호

ISBN 978-89-7172-107-0 (63740)

두부영어와
함께 하는

초등
영문법 ⑤
형식

뿌수기 100

반석출판사

한번 생각해 보세요.

> 민서는 본다 고양이들을.
>
> 민서는 고양이들을 본다.
>
> 고양이들을 민서는 본다.
>
> 고양이들을 본다 민서는.
>
> 본다 민서는 고양이들을.
>
> 본다 고양이들을 민서는.

한국어로는 위의 여섯 개의 문장이 전부 같은 의미를 가집니다.

바로, 한국어에는 ~는, ~을, ~ㄴ다 와 같은 조사[1]들이 있어서

누가 (주어를 나타내는 조사 ~은, 는, 이, 가),

무엇을 (목적어를 나타내는 조사 ~을, 를),

어떻게 하는지(동사를 나타내는 조사 ~다, 하다)

단어들의 위치와 순서가 바뀌어도 뜻이, 그 의미가 달라지지 않는 것입니다.

그럼 위의 문장들을 영어로 적어보면 어떻게 될까요?

차례대로 한 번 적어볼게요. 문법적인 것은 배제하고 보시면 됩니다.

> Minseo see cats. (민서는 **본다** 고양이들을.)
>
> Minseo cats see. (민서는 **고양이들한다** 본다를.)
>
> Cats Minseo see. (고양이들은 **민서한다** 본다를.)
>
> Cats see Minseo. (고양이들은 **본다** 민서를.)
>
> See Minseo cats. (본다는 **민서한다** 고양이들을.)
>
> See cats Minseo. (본다는 **고양이들한다** 민서를.)

같은 단어들을 사용해 한국어의 순서와 동일하게 6개의 문장을 만들었는데 의미는 완전히 달라집니다.

　　영어는 단어의 위치가 곧 그 단어의 역할을 결정하기 때문입니다.

　　맨 앞자리는 주어, 그 다음은 동사, 그 다음은 보어나 목적어 등이지요.

　　그런 단어들의 순서를 알려주는 것이 바로 문장의 형식입니다.

　　영어의 모든 문장은 이 문장의 5형식 안에 전부 들어가 있지요.

　　아무리 짧고 아무리 긴 그 어떤 문장이라도 이 문장의 형식에 모두 들어맞는다는 것입니다.

　　이것이 바로 우리가 '문장의 형식'을 이해해야 하는 이유입니다.

　　이 책은 단순한 문법책이 아닙니다. 한국어와 영어의 근본적인 차이를 이해하고, 영어 문장의 구조를 직관적으로 파악할 수 있도록 돕는 안내서입니다. 특히 기초적인 단어들을 활용하여, 누구나 쉽게 영어 문장의 구조를 이해할 수 있도록 구성했습니다.

　　이제 여러분과 함께 영어 문장의 형식을 차근차근 살펴보려 합니다. 단어들의 나열이 아닌, 의미가 통하는 영어 문장을 만드는 여정을 시작해볼까요?

현직 영어학원 원장 일동 드림

---

[1] 체언이나 부사, 어미 따위에 붙어 그 말과 다른 말과의 문법적 관계를 표시하거나 그 말의 뜻을 도와주는 품사. 크게 격 조사, 접속 조사, 보조사로 나눈다. - 출처 : 표준국어대사전

현장 경험으로 완성된 실전 영어 워크북

5인의 현직 영어학원 원장이 다년간의 교육 경험을 바탕으로 제작한 교재입니다.

기존의 학습서에서 찾기 어려웠던 효과적인 학습법과 실질적인 노하우를 담아, 영어 학습의 새로운 방향을 제시합니다.

주요 대상	추가 대상
영어 학습을 시작하는 초등학교 3~4학년	영어 문법에 어려움을 느끼는 모든 초등학생 자녀의 영어 교육에 관심 있는 학부모 영어를 다시 시작하려는 성인 학습자 영어가 필요한 직장인 및 시니어

교재의 특별한 장점

1

쉽게 시작하고 자연스럽게 확장하는 단계별 학습

☑ 문장이 만들어지는 원리를 이해하며 기본 문장부터 차근차근 학습

☑ 배운 문장에 단어를 하나씩 추가하며 긴 문장으로 자연스럽게 확장

☑ 동사의 활용과 주어별 동사 변화 등 기초 문법을 탄탄하게 다짐

2 문장 구조를 시각적으로 이해하는 활동

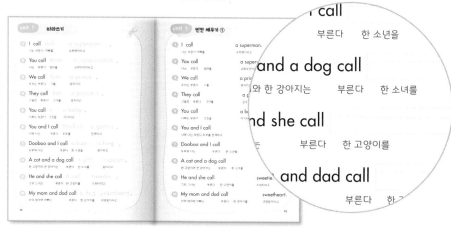

- ☑ 단어와 문장의 관계를 블록처럼 구성하며 직관적으로 이해
- ☑ 단어를 순서대로 연결하며 문법 원리를 쉽게 체득
- ☑ 패턴 연습을 통해 한 단계씩 실력 향상

3 반복과 누적 학습으로 영어 문장이 완성되는 설계

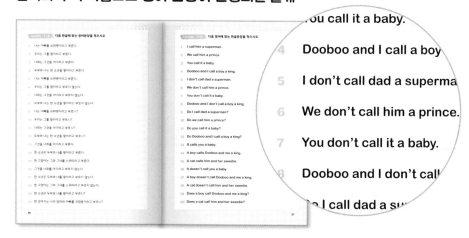

- ☑ 다양한 의미의 문장을 직접 써보며 문장 구조를 체득
- ☑ Review Test, Final Test를 통해 학습 내용을 단계별로 점검
- ☑ 예시문 암기를 통한 실전 영어 활용력 강화

1 기초 학습자를 위한 맞춤 설계

- ☑ 문법의 기초 틀을 확실히 잡아주는 체계적 구성
- ☑ 스스로 학습이 가능한 단계별 패턴 연습
- ☑ 1~5형식을 완벽하게 마스터한 후 심화 문법 학습 가능

2 효과적인 학습 방법

- ☑ 반복적이고 심플한 패턴 연습으로 기본기 강화
- ☑ 문법을 이론이 아닌 실전으로 익히는 실용적 접근
- ☑ 핸드라이팅을 통한 장기기억 강화

이 교재는 문법이나 문장 패턴이 약한 학생들도 스스로 학습할 수 있도록 구성되어 있으며, 기초부터 차근차근 밟아가며 문법의 완성도를 높일 수 있습니다. 특히 1~5형식을 탄탄하게 마스터하면 이후의 심화 문법 학습에도 큰 도움이 될 것입니다.

목차

Chapter 1~5 공통단어

I 나   you 너   we 우리   they 그들

Dooboo 두부(이름)   cat 고양이   dog 강아지

he 그   she 그녀   dad 아빠   mom 엄마

it 그것   boy 소년   girl 소녀

Chapter 1 단어 체크

☑ superman 슈퍼맨   ☐ superwoman 슈퍼우먼

☐ prince 왕자   ☐ princess 공주

☐ baby 아기   ☐ genius 천재

☐ king 왕   ☐ queen 왕비

☐ sweetie 스위티   ☐ sweetheart 귀염둥이

Chapter 1

call 부르다

	주어	동사	목적어	목적격 보어 (명사)
긍정문	I	call	+명사 (dad, mom, him, her, a boy, a girl...etc.)	+명사, (a superman, a princess, a genius, a king, queens, kings... etc.)
	You	call		
	He	calls		
	It	calls		
부정문	I	don't call	+명사 (dad, mom, him, her, a boy, a girl...etc.)	+명사 (a superman, a princess, a genius, a king, queens, kings... etc.)
	You	don't call		
	He	doesn't call		
	It	doesn't call		
의문문	I	Do I call~?	+명사 (dad, mom, him, her, a boy, a girl...etc.)	+명사 (a superman, a princess, a genius, a king, queens, kings... etc.)
	You	Do you call~?		
	He	Does he call~?		
	It	Does it call~?		

따라쓰기

1 I call dad a superman .

나는 부른다 아빠를 슈퍼맨이라고

2 You call mom a superwoman .

너는 부른다 엄마를 슈퍼우먼이라고

3 We call him a prince .

우리는 부른다 그를 왕자라고

4 They call her a princess .

그들은 부른다 그녀를 공주라고

5 You call it a baby .

너희는 부른다 그것을 아기라고

6 You and I call Dooboo a genius .

너와 나는 부른다 두부를 천재라고

7 Dooboo and I call a boy a king .

두부와 나는 부른다 한 소년을 왕이라고

8 A cat and a dog call a girl a queen .

한 고양이와 한 강아지는 부른다 한 소녀를 왕비라고

9 He and she call a cat sweetie .

그와 그녀는 부른다 한 고양이를 스위티라고

10 My mom and dad call a dog sweetheart .

나의 엄마와 아빠는 부른다 한 강아지를 귀염둥이라고

빈칸 채우기 ①

1 I call   a superman.

나는 부른다   아빠를   슈퍼맨이라고

2 You call   a superwoman.

너는   부른다   엄마를   슈퍼우먼이라고

3 We call   a prince.

우리는 부른다   그를   왕자라고

4 They call   a princess.

그들은 부른다   그녀를   공주라고

5 You call   a baby.

너희는 부른다   그것을   아기라고

6 You and I call   a genius.

너와 나는   부른다   두부를   천재라고

7 Dooboo and I call   a king.

두부와 나는   부른다   한 소년을   왕이라고

8 A cat and a dog call   a queen.

한 고양이와 한 강아지는   부른다   한 소녀를   왕비라고

9 He and she call   sweetie.

그와 그녀는   부른다   한 고양이를   스위티라고

10 My mom and dad call   sweetheart.

나의 엄마와 아빠는   부른다   한 강아지를   귀염둥이라고

1 I call ⬜ ⬜ .

나는 부른다　아빠를　　　　　　　슈퍼맨이라고

2 You call ⬜ ⬜ .

너는　부른다　엄마를　　　　　　　슈퍼우먼이라고

3 We call ⬜ ⬜ .

우리는 부른다　그를　　　　　　왕자라고

4 They call ⬜ ⬜ .

그들은　부른다　그녀를　　　　　　공주라고

5 You call ⬜ ⬜ .

너희는 부른다　그것을　　　　　　아기라고

6 You and I call ⬜ ⬜ .

너와 나는　　부른다　두부를　　　　　천재라고

7 Dooboo and I call ⬜ ⬜ .

두부와 나는　　　　부른다　한 소년을　　　　왕이라고

8 A cat and a dog call ⬜ ⬜ .

한 고양이와 한 강아지는　　부른다　한 소녀를　　　왕비라고

9 He and she call ⬜ ⬜ .

그와 그녀는　　　부른다　한 고양이를　　　　스위티라고

10 My mom and dad call ⬜ ⬜ .

나의 엄마와 아빠는　　　　　부른다　한 강아지를　　　귀염둥이라고

빈칸 채우기 ③

1

나는 아빠를 슈퍼맨이라고 부른다.

2

너는 엄마를 슈퍼우먼이라고 부른다.

3

우리는 그를 왕자라고 부른다.

4

그들은 그녀를 공주라고 부른다.

5

너희는 그것을 아기라고 부른다.

6

너와 나는 두부를 천재라고 부른다.

7

두부와 나는 한 소년을 왕이라고 부른다.

8

한 고양이와 한 강아지는 한 소녀를 왕비라고 부른다.

9

그와 그녀는 한 고양이를 스위티라고 부른다.

10

나의 엄마와 아빠는 한 강아지를 귀염둥이라고 부른다.

따라쓰기

1 **I don't call** dad a superman .
나는 부르지 않는다 아빠를 슈퍼맨이라고

2 **You don't call** mom a superwoman .
너는 부르지 않는다 엄마를 슈퍼우먼이라고

3 **We don't call** him a prince .
우리는 부르지 않는다 그를 왕자라고

4 **They don't call** her a princess .
그들은 부르지 않는다 그녀를 공주라고

5 **You don't call** it a baby .
너희는 부르지 않는다 그것을 아기라고

6 **You and I don't call** Dooboo a genius .
너와 나는 부르지 않는다 두부를 천재라고

7 **Dooboo and I don't call** a boy a king .
두부와 나는 부르지 않는다 한 소년을 왕이라고

8 **A cat and a dog don't call** a girl a queen .
한 고양이와 한 강아지는 부르지 않는다 한 소녀를 왕비라고

9 **He and she don't call** a cat sweetie .
그와 그녀는 부르지 않는다 한 고양이를 스위티라고

10 **My mom and dad don't call** a dog sweetheart .
나의 엄마와 아빠는 부르지 않는다 한 강아지를 귀염둥이라고

1 I don't call　　　　　a superman.
나는 부르지 않는다　　아빠를　　슈퍼맨이라고

2 You don't call　　　　　a superwoman.
너는 부르지 않는다　　엄마를　　슈퍼우먼이라고

3 We don't call　　　　　a prince.
우리는 부르지 않는다　　그를　　왕자라고

4 They don't call　　　　　a princess.
그들은 부르지 않는다　　그녀를　　공주라고

5 You don't call　　　　　a baby.
너희는 부르지 않는다　　그것을　　아기라고

6 You and I don't call　　　　　a genius.
너와 나는　부르지 않는다　두부를　천재라고

7 Dooboo and I don't call　　　　　a king.
두부와 나는　부르지 않는다　한 소년을　왕이라고

8 A cat and a dog don't call　　　　　a queen.
한 고양이와 한 강아지는　부르지 않는다　한 소녀를　왕비라고

9 He and she don't call　　　　　sweetie.
그와 그녀는　부르지 않는다　한 고양이를　스위티라고

10 My mom and dad don't call　　　　　sweetheart.
나의 엄마와 아빠는　부르지 않는다　한 강아지를　귀염둥이라고

빈칸 채우기 ②

1 I don't call _____ _____ .

나는 부르지 않는다　　아빠를　　　　슈퍼맨이라고

2 You don't call _____ _____ .

너는　부르지 않는다　　　엄마를　　　　슈퍼우먼이라고

3 We don't call _____ _____ .

우리는 부르지 않는다　　　그를　　　　왕자라고

4 They don't call _____ _____ .

그들은　부르지 않는다　　　그녀를　　　　공주라고

5 You don't call _____ _____ .

너희는 부르지 않는다　　　그것을　　　　아기라고

6 You and I don't call _____ _____ .

너와 나는　　　부르지 않는다　　두부를　　　　천재라고

7 Dooboo and I don't call _____ _____ .

두부와 나는　　　　부르지 않는다　　한 소년을　　　왕이라고

8 A cat and a dog don't call _____ _____ .

한 고양이와 한 강아지는　　부르지 않는다　　한 소녀를　　　왕비라고

9 He and she don't call _____ _____ .

그와 그녀는　　　부르지 않는다　　한 고양이를　　　스위티라고

10 My mom and dad don't call _____ _____ .

나의 엄마와 아빠는　　　부르지 않는다　　한 강아지를　　귀염둥이라고

빈칸 채우기 ③

1

나는 아빠를 슈퍼맨이라고 부르지 않는다.

2

너는 엄마를 슈퍼우먼이라고 부르지 않는다.

3

우리는 그를 왕자라고 부르지 않는다.

4

그들은 그녀를 공주라고 부르지 않는다.

5

너희는 그것을 아기라고 부르지 않는다.

6

너와 나는 두부를 천재라고 부르지 않는다.

7

두부와 나는 한 소년을 왕이라고 부르지 않는다.

8

한 고양이와 한 강아지는 한 소녀를 왕비라고 부르지 않는다.

9

그와 그녀는 한 고양이를 스위티라고 부르지 않는다.

10

나의 엄마와 아빠는 한 강아지를 귀염둥이라고 부르지 않는다.

따라쓰기

1 Do I call dad a superman ?

나는   부르니? 아빠를   슈퍼맨이라고

2 Do you call mom a superwoman ?

너는   부르니? 엄마를   슈퍼우먼이라고

3 Do we call him a prince ?

우리는   부르니? 그를   왕자라고

4 Do they call her a princess ?

그들은   부르니? 그녀를   공주라고

5 Do you call it a baby ?

너희는   부르니? 그것을   아기라고

6 Do you and I call Dooboo a genius ?

너와 나는   부르니? 두부를   천재라고

7 Do Dooboo and I call a boy a king ?

두부와 나는   부르니? 한 소년을   왕이라고

8 Do a cat and a dog call a girl a queen ?

한 고양이와 한 강아지는   부르니? 한 소녀를   왕비라고

9 Do he and she call a cat sweetie ?

그와 그녀는   부르니? 한 고양이를   스위티라고

10 Do my mom and dad call a dog sweetheart ?

나의 엄마와 아빠는   부르니? 한 강아지를   귀염둥이라고

1 Do I call _____ a superman?

나는   부르니?   아빠를   슈퍼맨이라고

2 Do you call _____ a superwoman?

너는   부르니?   엄마를   슈퍼우먼이라고

3 Do we call _____ a prince?

우리는   부르니?   그를   왕자라고

4 Do they call _____ a princess?

그들은   부르니?   그녀를   공주라고

5 Do you call _____ a baby?

너희는   부르니?   그것을   아기라고

6 Do you and I call _____ a genius?

너와 나는   부르니?   두부를   천재라고

7 Do Dooboo and I call _____ a king?

두부와 나는   부르니?   한 소년을   왕이라고

8 Do a cat and a dog call _____ a queen?

한 고양이와 한 강아지는   부르니?   한 소녀를   왕비라고

9 Do he and she call _____ sweetie?

그와 그녀는   부르니?   한 고양이를   스위티라고

10 Do my mom and dad call _____ sweetheart?

나의 엄마와 아빠는   부르니?   한 강아지를   귀염둥이라고

unit 3

1 Do I call [   ] [   ]?
나는   부르니? 아빠를   슈퍼맨이라고

2 Do you call [   ] [   ]?
너는   부르니? 엄마를   슈퍼우먼이라고

3 Do we call [   ] [   ]?
우리는   부르니? 그를   왕자라고

4 Do they call [   ] [   ]?
그들은   부르니? 그녀를   공주라고

5 Do you call [   ] [   ]?
너희는   부르니? 그것을   아기라고

6 Do you and I call [   ] [   ]?
너와 나는   부르니? 두부를   천재라고

7 Do Dooboo and I call [   ] [   ]?
두부와 나는   부르니? 한 소년을   왕이라고

8 Do a cat and a dog call [   ] [   ]?
한 고양이와 한 강아지는   부르니? 한 소녀를   왕비라고

9 Do he and she call [   ] [   ]?
그와 그녀는   부르니? 한 고양이를   스위티라고

10 Do my mom and dad call [   ] [   ]?
나의 엄마와 아빠는   부르니? 한 강아지를   귀염둥이라고

빈칸 채우기 ③

1

나는 아빠를 슈퍼맨이라고 부르니?

2

너는 엄마를 슈퍼우먼이라고 부르니?

3

우리는 그를 왕자라고 부르니?

4

그들은 그녀를 공주라고 부르니?

5

너희는 그것을 아기라고 부르니?

6

너와 나는 두부를 천재라고 부르니?

7

두부와 나는 한 소년을 왕이라고 부르니?

8

한 고양이와 한 강아지는 한 소녀를 왕비라고 부르니?

9

그와 그녀는 한 고양이를 스위티라고 부르니?

10

나의 엄마와 아빠는 한 강아지를 귀염둥이라고 부르니?

1 Dad calls   me   a superman .
아빠는   부른다   나를   슈퍼맨이라고

2 Mom calls   you   a superwoman .
엄마는   부른다   너를   슈퍼우먼이라고

3 He calls   us   princes .
그는 부른다   우리를   왕자들이라고

4 She calls   them   princesses .
그녀는 부른다   그들을   공주들이라고

5 It calls   you   babies .
그것은 부른다 너희들을   아기들이라고

6 Dooboo calls   you and me   geniuses .
두부는   부른다   너와 나를   천재들이라고

7 A boy calls   Dooboo and me   kings .
한 소년은   부른다   두부와 나를   왕들이라고

8 A girl calls   a cat and a dog   queens .
한 소녀는   부른다   한 고양이와 한 강아지를   왕비들이라고

9 A cat calls   him and her   sweeties .
한 고양이는 부른다   그와 그녀를   스위티들이라고

10 A dog calls   my mom and dad   sweethearts .
한 강아지는 부른다   나의 엄마와 아빠를   귀염둥이들이라고

빈칸 채우기 ①

1 Dad calls   a superman.

아빠는   부른다   나를   슈퍼맨이라고

2 Mom calls   a superwoman.

엄마는   부른다   너를   슈퍼우먼이라고

3 He calls   princes.

그는 부른다   우리를   왕자들이라고

4 She calls   princesses.

그녀는 부른다   그들을   공주들이라고

5 It calls   babies.

그것은 부른다   너희들을   아기들이라고

6 Dooboo calls   geniuses.

두부는   부른다   너와 나를   천재들이라고

7 A boy calls   kings.

한 소년은 부른다   두부와 나를   왕들이라고

8 A girl calls   queens.

한 소녀는 부른다   한 고양이와 한 강아지를   왕비들이라고

9 A cat calls   sweeties.

한 고양이는 부른다   그와 그녀를   스위티들이라고

10 A dog calls   sweethearts.

한 강아지는 부른다   나의 엄마와 아빠를   귀염둥이들이라고

1 Dad calls ☐ ☐ .

아빠는 부른다   나를   슈퍼맨이라고

2 Mom calls ☐ ☐ .

엄마는 부른다   너를   슈퍼우먼이라고

3 He calls ☐ ☐ .

그는 부른다   우리를   왕자들이라고

4 She calls ☐ ☐ .

그녀는 부른다   그들을   공주들이라고

5 It calls ☐ ☐ .

그것은 부른다 너희들을   아기들이라고

6 Dooboo calls ☐ ☐ .

두부는   부른다   너와 나를   천재들이라고

7 A boy calls ☐ ☐ .

한 소년은   부른다   두부와 나를   왕들이라고

8 A girl calls ☐ ☐ .

한 소녀는 부른다   한 고양이와 한 강아지를   왕비들이라고

9 A cat calls ☐ ☐ .

한 고양이는 부른다   그와 그녀를   스위티들이라고

10 A dog calls ☐ ☐ .

한 강아지는 부른다   나의 엄마와 아빠를   귀염둥이들이라고

26

빈칸 채우기 ③

1

아빠는 나를 슈퍼맨이라고 부른다.

2

엄마는 너를 슈퍼우먼이라고 부른다.

3

그는 우리를 왕자들이라고 부른다.

4

그녀는 그들을 공주들이라고 부른다.

5

그것을 너희들을 아기들이라고 부른다.

6

두부는 너와 나를 천재들이라고 부른다.

7

한 소년은 두부와 나를 왕들이라고 부른다.

8

한 소녀는 한 고양이와 한 강아지를 왕비들이라고 부른다.

9

한 고양이는 그와 그녀를 스위티들이라고 부른다.

10

한 강아지는 나의 엄마와 아빠를 귀염둥이들이라고 부른다.

1 Dad doesn't call me a superman .
아빠는 부르지 않는다 나를 슈퍼맨이라고

2 Mom doesn't call you a superwoman .
엄마는 부르지 않는다 너를 슈퍼우먼이라고

3 He doesn't call us princes .
그는 부르지 않는다 우리를 왕자들이라고

4 She doesn't call them princesses .
그녀는 부르지 않는다 그들을 공주들이라고

5 It doesn't call you babies .
그것은 부르지 않는다 너희들을 아기들이라고

6 Dooboo doesn't call you and me geniuses .
두부는 부르지 않는다 너와 나를 천재들이라고

7 A boy doesn't call Dooboo and me kings .
한 소년은 부르지 않는다 두부와 나를 왕들이라고

8 A girl doesn't call a cat and a dog queens .
한 소녀는 부르지 않는다 한 고양이와 한 강아지를 왕비들이라고

9 A cat doesn't call him and her sweeties .
한 고양이는 부르지 않는다 그와 그녀를 스위티들이라고

10 A dog doesn't call my mom and dad sweethearts .
한 강아지는 부르지 않는다 나의 엄마와 아빠를 귀염둥이들이라고

28

빈칸 채우기 ①

1 Dad doesn't call _____ a superman.

아빠는 부르지 않는다 나를 슈퍼맨이라고

2 Mom doesn't call _____ a superwoman.

엄마는 부르지 않는다 너를 슈퍼우먼이라고

3 He doesn't call _____ princes.

그는 부르지 않는다 우리를 왕자들이라고

4 She doesn't call _____ princesses.

그녀는 부르지 않는다 그들을 공주들이라고

5 It doesn't call _____ babies.

그것은 부르지 않는다 너희들을 아기들이라고

6 Dooboo doesn't call _____ geniuses.

두부는 부르지 않는다 너와 나를 천재들이라고

7 A boy doesn't call _____ kings.

한 소년은 부르지 않는다 두부와 나를 왕들이라고

8 A girl doesn't call _____ queens.

한 소녀는 부르지 않는다 한 고양이와 한 강아지를 왕비들이라고

9 A cat doesn't call _____ sweeties.

한 고양이는 부르지 않는다 그와 그녀를 스위티들이라고

10 A dog doesn't call _____ sweethearts.

한 강아지는 부르지 않는다 나의 엄마와 아빠를 귀염둥이들이라고

29

1 Dad doesn't call

아빠는 부르지 않는다 나를 슈퍼맨이라고

2 Mom doesn't call

엄마는 부르지 않는다 너를 슈퍼우먼이라고

3 He doesn't call

그는 부르지 않는다 우리를 왕자들이라고

4 She doesn't call

그녀는 부르지 않는다 그들을 공주들이라고

5 It doesn't call

그것은 부르지 않는다 너희들을 아기들이라고

6 Dooboo doesn't call

두부는 부르지 않는다 너와 나를 천재들이라고

7 A boy doesn't call

한 소년은 부르지 않는다 두부와 나를 왕들이라고

8 A girl doesn't call

한 소녀는 부르지 않는다 한 고양이와 한 강아지를 왕비들이라고

9 A cat doesn't call

한 고양이는 부르지 않는다 그와 그녀를 스위티들이라고

10 A dog doesn't call

한 강아지는 부르지 않는다 나의 엄마와 아빠를 귀염둥이들이라고

빈칸 채우기 ③

1

아빠는 나를 슈퍼맨이라고 부르지 않는다.

2

엄마는 너를 슈퍼우먼이라고 부르지 않는다.

3

그는 우리를 왕자들이라고 부르지 않는다.

4

그녀는 그들을 공주들이라고 부르지 않는다.

5

그것을 너희들을 아기들이라고 부르지 않는다.

6

두부는 너와 나를 천재들이라고 부르지 않는다.

7

한 소년은 두부와 나를 왕들이라고 부르지 않는다.

8

한 소녀는 한 고양이와 한 강아지를 왕비들이라고 부르지 않는다.

9

한 고양이는 그와 그녀를 스위티들이라고 부르지 않는다.

10

한 강아지는 나의 엄마와 아빠를 귀염둥이들이라고 부르지 않는다.

따라쓰기

1 Does dad call me a superman ?
아빠는 　　부르니? 나를 　　슈퍼맨이라고

2 Does mom call you a superwoman ?
엄마는 　　부르니? 너를 　　슈퍼우먼이라고

3 Does he call us princes ?
그는 　　부르니? 우리를 　　왕자들이라고

4 Does she call them princesses ?
그녀는 　　부르니? 그들을 　　공주들이라고

5 Does it call you babies ?
그것은 　　부르니? 너희들을 　　아기들이라고

6 Does Dooboo call you and me geniuses ?
두부는 　　부르니? 너와 나를 　　천재들이라고

7 Does a boy call Dooboo and me kings ?
한 소년은 　　부르니? 두부와 나를 　　왕들이라고

8 Does a girl call a cat and a dog queens ?
한 소녀는 　　부르니? 한 고양이와 한 강아지를 　　왕비들이라고

9 Does a cat call him and her sweeties ?
한 고양이는 　　부르니? 그와 그녀를 　　스위티들이라고

10 Does a dog call my mom and dad sweethearts ?
한 강아지는 　　부르니? 나의 엄마와 아빠를 　　귀염둥이들이라고

1 Does dad call   a superman?

아빠는   부르니?   나를   슈퍼맨이라고

2 Does mom call   a superwoman?

엄마는   부르니?   너를   슈퍼우먼이라고

3 Does he call   princes?

그는   부르니?   우리를   왕자들이라고

4 Does she call   princesses?

그녀는   부르니?   그들을   공주들이라고

5 Does it call   babies?

그것은   부르니?   너희들을   아기들이라고

6 Does Dooboo call   geniuses?

두부는   부르니?   너와 나를   천재들이라고

7 Does a boy call   kings?

한 소년은   부르니?   두부와 나를   왕들이라고

8 Does a girl call   queens?

한 소녀는   부르니?   한 고양이와 한 강아지를   왕비들이라고

9 Does a cat call   sweeties?

한 고양이는   부르니?   그와 그녀를   스위티들이라고

10 Does a dog call   sweethearts?

한 강아지는   부르니?   나의 엄마와 아빠를   귀염둥이들이라고

1 Does dad call _____ _____ ?

아빠는　　　부르니?　나를　　　　　슈퍼맨이라고

2 Does mom call _____ _____ ?

엄마는　　　부르니?　너를　　　　　슈퍼우먼이라고

3 Does he call _____ _____ ?

그는　　　부르니?　우리를　　　　왕자들이라고

4 Does she call _____ _____ ?

그녀는　　　부르니?　그들을　　　　공주들이라고

5 Does it call _____ _____ ?

그것은　　　부르니?　너희들을　　　　아기들이라고

6 Does Dooboo call _____ _____ ?

두부는　　　　　부르니?　너와 나를　　　　천재들이라고

7 Does a boy call _____ _____ ?

한 소년은　　　　부르니?　두부와 나를　　　　왕들이라고

8 Does a girl call _____ _____ ?

한 소녀는　　　부르니?　한 고양이와 한 강아지를　　　왕비들이라고

9 Does a cat call _____ _____ ?

한 고양이는　　　부르니?　그와 그녀를　　　　스위티들이라고

10 Does a dog call _____ _____ ?

한 강아지는　　　부르니?　나의 엄마와 아빠를　　　귀염둥이들이라고

1

아빠는 나를 슈퍼맨이라고 부르니?

2

엄마는 너를 슈퍼우먼이라고 부르니?

3

그는 우리를 왕자들이라고 부르니?

4

그녀는 그들을 공주들이라고 부르니?

5

그것을 너희들을 아기들이라고 부르니?

6

두부는 너와 나를 천재들이라고 부르니?

7

한 소년은 두부와 나를 왕들이라고 부르니?

8

한 소녀는 한 고양이와 한 강아지를 왕비들이라고 부르니?

9

한 고양이는 그와 그녀를 스위티들이라고 부르니?

10

한 강아지는 나의 엄마와 아빠를 귀염둥이들이라고 부르니?

다음 한글에 맞는 영어문장을 적으시오.

1   나는 아빠를 슈퍼맨이라고 부른다.

2   우리는 그를 왕자라고 부른다.

3   너희는 그것을 아기라고 부른다.

4   두부와 나는 한 소년을 왕이라고 부른다.

5   나는 아빠를 슈퍼맨이라고 부르지 않는다.

6   우리는 그를 왕자라고 부르지 않는다.

7   너희는 그것을 아기라고 부르지 않는다.

8   두부와 나는 한 소년을 왕이라고 부르지 않는다.

9   나는 아빠를 슈퍼맨이라고 부르니?

10   우리는 그를 왕자라고 부르니?

11   너희는 그것을 아기라고 부르니?

12   두부와 나는 한 소년을 왕이라고 부르니?

13   그것은 너희를 아기들이라고 부른다.

14   한 소년은 두부와 나를 왕들이라고 부른다.

15   한 고양이는 그와 그녀를 스위티들이라고 부른다.

16   그것은 너희를 아기들이라고 부르지 않는다.

17   한 소년은 두부와 나를 왕들이라고 부르지 않는다.

18   한 고양이는 그와 그녀를 스위티들이라고 부르지 않는다.

19   한 소년은 두부와 나를 왕들이라고 부르니?

20   한 강아지는 나의 엄마와 아빠를 귀염둥이들이라고 부르니?

다음 영어에 맞는 한글문장을 적으시오.

1 I call dad a superman.

2 We call him a prince.

3 You call it a baby.

4 Dooboo and I call a boy a king.

5 I don't call dad a superman.

6 We don't call him a prince.

7 You don't call it a baby.

8 Dooboo and I don't call a boy a king.

9 Do I call dad a superman?

10 Do we call him a prince?

11 Do you call it a baby?

12 Do Dooboo and I call a boy a king?

13 It calls you babies.

14 A boy calls Dooboo and me kings.

15 A cat calls him and her sweeties.

16 It doesn't call you babies.

17 A boy doesn't call Dooboo and me kings.

18 A cat doesn't call him and her sweeties.

19 Does a boy call Dooboo and me kings?

20 Does a dog call my mom and dad sweethearts?

Chapter 1~5 공통단어

I 나   you 너   we 우리   they 그들

Dooboo 두부(이름)   cat 고양이   dog 강아지

he 그   she 그녀   dad 아빠   mom 엄마

it 그것   boy 소년   girl 소녀

Chapter 2 단어 체크

☑ angry 화난   ☐ hungry 배고픈

☐ tired 피곤한   ☐ young 어린

☐ brave 용감한   ☐ small 작은

☐ rich 부유한   ☐ sleepy 졸린

☐ happy 행복한   ☐ fat 뚱뚱한

make 만들다

	주어	동사	목적어	목적격 보어 (형용사)
긍정문	I	make	+ 명사 (dad, mom, him, her, a boy, a girl...etc.)	+ 형용사 (hungry, angry, young, tired, small, brave, sleepy, rich...etc.)
	You	make		
	He	makes		
	It	makes		
부정문	I	don't make	+ 명사 (dad, mom, him, her, a boy, a girl...etc.)	+형용사 (hungry, angry, young, tired, small, brave, sleepy, rich...etc.)
	You	don't make		
	He	doesn't make		
	It	doesn't make		
의문문	I	Do I make~?	+ 명사 (dad, mom, him, her, a boy, a girl...etc.)	+형용사 (hungry, angry, young, tired, small, brave, sleepy, rich...etc.)
	You	Do you make~?		
	He	Does he make~?		
	It	Does it make~?		

1 I make dad hungry .
나는 만든다　아빠를　　　배고프게

2 You make mom angry .
너는　만든다　　엄마를　　　화나게

3 We make him young .
우리는 만든다　　그를　　　어리게

4 They make her tired .
그들은　만든다　　그녀를　　　피곤하게

5 You make it small .
너희는 만든다　　그것을　　　작게

6 You and I make Dooboo brave .
너와 나는　　　만든다　두부를　　　　용감하게

7 Dooboo and I make a boy sleepy .
두부와 나는　　　　만든다　한 소년을　　졸리게

8 A cat and a dog make a girl rich .
한 고양이와 한 강아지는　　만든다　한 소녀를　　　부유하게

9 He and she make a cat fat .
그와 그녀는　　　만든다　한 고양이를　　뚱뚱하게

10 My mom and dad make a dog happy .
나의 엄마와 아빠는　　　만든다　한 강아지를　　　행복하게

1 I make _____ hungry.

나는 만든다 　　아빠를 　　배고프게

2 You make _____ angry.

너는 　만든다 　　엄마를 　　화나게

3 We make _____ young.

우리는 만든다 　　그를 　　어리게

4 They make _____ tired.

그들은 　만든다 　　그녀를 　　피곤하게

5 You make _____ small.

너희는 만든다 　　그것을 　　작게

6 You and I make _____ brave.

너와 나는 　만든다 　　두부를 　　용감하게

7 Dooboo and I make _____ sleepy.

두부와 나는 　　만든다 　한 소년을 　졸리게

8 A cat and a dog make _____ rich.

한 고양이와 한 강아지는 　만든다 　한 소녀를 　부유하게

9 He and she make _____ fat.

그와 그녀는 　만든다 　한 고양이를 　뚱뚱하게

10 My mom and dad make _____ happy.

나의 엄마와 아빠는 　　만든다 　한 강아지를 　행복하게

unit
7

1 I make _____ _____ .

나는 만든다   아빠를   배고프게

2 You make _____ .

너는   만든다   엄마를   화나게

3 We make _____ .

우리는 만든다   그를   어리게

4 They make _____ _____ .

그들은 만든다   그녀를   피곤하게

5 You make _____ .

너희는 만든다   그것을   작게

6 You and I make _____ _____ .

너와 나는   만든다   두부를   용감하게

7 Dooboo and I make _____ _____ .

두부와 나는   만든다   한 소년을   졸리게

8 A cat and a dog make _____ _____ .

한 고양이와 한 강아지는   만든다   한 소녀를   부유하게

9 He and she make _____ _____ .

그와 그녀는   만든다   한 고양이를   뚱뚱하게

10 My mom and dad make _____ .

나의 엄마와 아빠는   만든다   한 강아지를   행복하게

빈칸 채우기 ③

1

나는 아빠를 배고프게 만든다.

2

너는 엄마를 화나게 만든다.

3

우리는 그를 어리게 만든다.

4

그들은 그녀를 피곤하게 만든다.

5

너희는 그것을 작게 만든다.

6

너와 나는 두부를 용감하게 만든다.

7

두부와 나는 한 소년을 졸리게 만든다.

8

한 강아지와 한 강아지는 한 소녀를 부유하게 만든다.

9

그와 그녀는 한 고양이를 뚱뚱하게 만든다.

10

나의 엄마와 아빠는 한 강아지를 행복하게 만든다.

1 I don't make dad hungry .

나는 만들지 않는다　　　아빠를　　　배고프게

2 You don't make mom angry .

너는　만들지 않는다　　　　엄마를　　　화나게

3 We don't make him young .

우리는 만들지 않는다　　　그를　　　어리게

4 They don't make her tired .

그들은　만들지 않는다　　　그녀를　　　피곤하게

5 You don't make it small .

너희는 만들지 않는다　　　그것을　　　작게

6 You and I don't make Dooboo brave .

너와 나는　　　만들지 않는다　　　두부를　　　용감하게

7 Dooboo and I don't make a boy sleepy .

두부와 나는　　　　만들지 않는다　　　한 소년을　　　졸리게

8 A cat and a dog don't make a girl rich .

한 고양이와 한 강아지는　　　만들지 않는다　　　한 소녀를　　　부유하게

9 He and she don't make a cat fat .

그와 그녀는　　　만들지 않는다　　　한 고양이를　　　뚱뚱하게

10 My mom and dad don't make a dog happy .

나의 엄마와 아빠는　　　　만들지 않는다　　　한 강아지를　　　행복하게

1 I don't make   hungry.

나는 만들지 않는다   아빠를   배고프게

2 You don't make   angry.

너는 만들지 않는다   엄마를   화나게

3 We don't make   young.

우리는 만들지 않는다   그를   어리게

4 They don't make   tired.

그들은 만들지 않는다   그녀를   피곤하게

5 You don't make   small.

너희는 만들지 않는다   그것을   작게

6 You and I don't make   brave.

너와 나는 만들지 않는다   두부를   용감하게

7 Dooboo and I don't make   sleepy.

두부와 나는 만들지 않는다   한 소년을   졸리게

8 A cat and a dog don't make   rich.

한 고양이와 한 강아지는 만들지 않는다   한 소녀를   부유하게

9 He and she don't make   fat.

그와 그녀는 만들지 않는다   한 고양이를   뚱뚱하게

10 My mom and dad don't make   happy.

나의 엄마와 아빠는 만들지 않는다   한 강아지를   행복하게

unit 8

1 I don't make   .

나는 만들지 않는다   아빠를   배고프게

2 You don't make   .

너는   만들지 않는다   엄마를   화나게

3 We don't make   .

우리는 만들지 않는다   그를   어리게

4 They don't make   .

그들은   만들지 않는다   그녀를   피곤하게

5 You don't make   .

너희는 만들지 않는다   그것을   작게

6 You and I don't make   .

너와 나는   만들지 않는다   두부를   용감하게

7 Dooboo and I don't make   .

두부와 나는   만들지 않는다   한 소년을   졸리게

8 A cat and a dog don't make   .

한 고양이와 한 강아지는   만들지 않는다   한 소녀를   부유하게

9 He and she don't make   .

그와 그녀는   만들지 않는다   한 고양이를   뚱뚱하게

10 My mom and dad don't make   .

나의 엄마와 아빠는   만들지 않는다   한 강아지를   행복하게

빈칸 채우기 ③

1

나는 아빠를 배고프게 만들지 않는다.

2

너는 엄마를 화나게 만들지 않는다.

3

우리는 그를 어리게 만들지 않는다.

4

그들은 그녀를 피곤하게 만들지 않는다.

5

너희는 그것을 작게 만들지 않는다.

6

너와 나는 두부를 용감하게 만들지 않는다.

7

두부와 나는 한 소년을 졸리게 만들지 않는다.

8

한 고양이와 한 강아지는 한 소녀를 부유하게 만들지 않는다.

9

그와 그녀는 한 고양이를 뚱뚱하게 만들지 않는다.

10

나의 엄마와 아빠는 한 강아지를 행복하게 만들지 않는다.

따라쓰기

1 **Do I make** dad hungry **?**
나는 만드니? 아빠를 배고프게

2 **Do you make** mom angry **?**
너는 만드니? 엄마를 화나게

3 **Do we make** him young **?**
우리는 만드니? 그를 어리게

4 **Do they make** her tired **?**
그들은 만드니? 그녀를 피곤하게

5 **Do you make** it small **?**
너희는 만드니? 그것을 작게

6 **Do you and I make** Dooboo brave **?**
너와 나는 만드니? 두부를 용감하게

7 **Do Dooboo and I make** a boy sleepy **?**
두부와 나는 만드니? 한 소년을 졸리게

8 **Do a cat and a dog make** a girl rich **?**
한 고양이와 한 강아지는 만드니? 한 소녀를 부유하게

9 **Do he and she make** a cat fat **?**
그와 그녀는 만드니? 한 고양이를 뚱뚱하게

10 **Do my mom and dad make** a dog happy **?**
나의 엄마와 아빠는 만드니? 한 강아지를 행복하게

48

1 Do I make _____ hungry?

나는 만드니? 아빠를 배고프게

2 Do you make _____ angry?

너는 만드니? 엄마를 화나게

3 Do we make _____ young?

우리는 만드니? 그를 어리게

4 Do they make _____ tired?

그들은 만드니? 그녀를 피곤하게

5 Do you make _____ small?

너희는 만드니? 그것을 작게

6 Do you and I make _____ brave?

너와 나는 만드니? 두부를 용감하게

7 Do Dooboo and I make _____ sleepy?

두부와 나는 만드니? 한 소년을 졸리게

8 Do a cat and a dog make _____ rich?

한 고양이와 한 강아지는 만드니? 한 소녀를 부유하게

9 Do he and she make _____ fat?

그와 그녀는 만드니? 한 고양이를 뚱뚱하게

10 Do my mom and dad make _____ happy?

나의 엄마와 아빠는 만드니? 한 강아지를 행복하게

unit
9

49

1 Do I make ⬚ ⬚ ?

나는   만드니?   아빠를   배고프게

2 Do you make ⬚ ⬚ ?

너는   만드니?   엄마를   화나게

3 Do we make ⬚ ⬚ ?

우리는   만드니?   그를   어리게

4 Do they make ⬚ ⬚ ?

그들은   만드니?   그녀를   피곤하게

5 Do you make ⬚ ⬚ ?

너희는   만드니?   그것을   작게

6 Do you and I make ⬚ ⬚ ?

너와 나는   만드니?   두부를   용감하게

7 Do Dooboo and I make ⬚ ⬚ ?

두부와 나는   만드니?   한 소년을   졸리게

8 Do a cat and a dog make ⬚ ⬚ ?

한 고양이와 한 강아지는   만드니?   한 소녀를   부유하게

9 Do he and she make ⬚ ⬚ ?

그와 그녀는   만드니?   한 고양이를   뚱뚱하게

10 Do my mom and dad make ⬚ ⬚ ?

나의 엄마와 아빠는   만드니?   한 강아지를   행복하게

빈칸 채우기 ③

1

나는 아빠를 배고프게 만드니?

2

너는 엄마를 화나게 만드니?

3

우리는 그를 어리게 만드니?

4

그들은 그녀를 피곤하게 만드니?

5

너희는 그것을 작게 만드니?

6

너와 나는 두부를 용감하게 만드니?

7

두부와 나는 한 소년을 졸리게 만드니?

8

한 고양이와 한 강아지는 한 소녀를 부유하게 만드니?

9

그와 그녀는 한 고양이를 뚱뚱하게 만드니?

10

나의 엄마와 아빠는 한 강아지를 행복하게 만드니?

1. **Dad makes** me hungry .
아빠는 만든다　나를　배고프게

2. **Mom makes** you angry .
엄마는 만든다　너를　화나게

3. **He makes** us young .
그는 만든다　우리를　어리게

4. **She makes** them tired .
그녀는 만든다　그들을　피곤하게

5. **It makes** you small .
그것은 만든다　너희를　작게

6. **Dooboo makes** you and me brave .
두부는 만든다　너와 나를　용감하게

7. **A boy makes** Dooboo and me sleepy .
한 소년은 만든다　두부와 나를　졸리게

8. **A girl makes** a cat and a dog rich .
한 소녀는 만든다　한 고양이와 한 강아지를　부유하게

9. **A cat makes** him and her fat .
한 고양이는 만든다　그와 그녀를　뚱뚱하게

10. **A dog makes** my mom and dad happy .
한 강아지는 만든다　나의 엄마와 아빠를　행복하게

빈칸 채우기 ①

1 Dad makes   hungry.

아빠는   만든다   나를   배고프게

2 Mom makes   angry.

엄마는   만든다   너를   화나게

3 He makes   young.

그는   만든다   우리를   어리게

4 She makes   tired.

그녀는 만든다   그들을   피곤하게

5 It makes   small.

그것은 만든다   너희를   작게

6 Dooboo makes   brave.

두부는   만든다   너와 나를   용감하게

7 A boy makes   sleepy.

한 소년은   만든다   두부와 나를   졸리게

8 A girl makes   rich.

한 소녀는   만든다   한 고양이와 한 강아지를   부유하게

9 A cat makes   fat.

한 고양이는 만든다   그와 그녀를   뚱뚱하게

10 A dog makes   happy.

한 강아지는 만든다   나의 엄마와 아빠를   행복하게

1 **Dad makes** _____ _____ .
아빠는 만든다 나를 배고프게

2 **Mom makes** _____ _____ .
엄마는 만든다 너를 화나게

3 **He makes** _____ _____ .
그는 만든다 우리를 어리게

4 **She makes** _____ _____ .
그녀는 만든다 그들을 피곤하게

5 **It makes** _____ _____ .
그것은 만든다 너희를 작게

6 **Dooboo makes** _____ _____ .
두부는 만든다 너와 나를 용감하게

7 **A boy makes** _____ _____ .
한 소년은 만든다 두부와 나를 졸리게

8 **A girl makes** _____ _____ .
한 소녀는 만든다 한 고양이와 한 강아지를 부유하게

9 **A cat makes** _____ _____ .
한 고양이는 만든다 그와 그녀를 뚱뚱하게

10 **A dog makes** _____ _____ .
한 강아지는 만든다 나의 엄마와 아빠를 행복하게

빈칸 채우기 ③

1 아빠는 나를 배고프게 만든다.

2 엄마는 너를 화나게 만든다.

3 그는 우리를 어리게 만든다.

4 그녀는 그들을 피곤하게 만든다.

5 그것은 너희를 작게 만든다.

6 두부는 너와 나를 용감하게 만든다.

7 한 소년은 두부와 나를 졸리게 만든다.

8 한 소녀는 한 고양이와 한 강아지를 부유하게 만든다.

9 한 고양이는 그와 그녀를 뚱뚱하게 만든다.

10 한 강아지는 나의 엄마와 아빠를 행복하게 만든다.

1 Dad doesn't make me hungry .
아빠는 만들지 않는다   나를   배고프게

2 Mom doesn't make you angry .
엄마는 만들지 않는다   너를   화나게

3 He doesn't make us young .
그는 만들지 않는다   우리를   어리게

4 She doesn't make them tired .
그녀는 만들지 않는다   그들을   피곤하게

5 It doesn't make you small .
그것은 만들지 않는다   너희를   작게

6 Dooboo doesn't make you and me brave .
두부는 만들지 않는다   너와 나를   용감하게

7 A boy doesn't make Dooboo and me sleepy .
한 소년은 만들지 않는다   두부와 나를   졸리게

8 A girl doesn't make a cat and a dog rich .
한 소녀는 만들지 않는다   한 고양이와 한 강아지를   부유하게

9 A cat doesn't make him and her fat .
한 고양이는 만들지 않는다   그와 그녀를   뚱뚱하게

10 A dog doesn't make my mom and dad happy .
한 강아지는 만들지 않는다   나의 엄마와 아빠를   행복하게

1 Dad doesn't make   hungry.

아빠는   만들지 않는다   나를   배고프게

2 Mom doesn't make   angry.

엄마는   만들지 않는다   너를   화나게

3 He doesn't make   young.

그는   만들지 않는다   우리를   어리게

4 She doesn't make   tired.

그녀는   만들지 않는다   그들을   피곤하게

5 It doesn't make   small.

그것은 만들지 않는다   너희를   작게

6 Dooboo doesn't make   brave.

두부는   만들지 않는다   너와 나를   용감하게

7 A boy doesn't make   sleepy.

한 소년은   만들지 않는다   두부와 나를   졸리게

8 A girl doesn't make   rich.

한 소녀는   만들지 않는다   한 고양이와 한 강아지를   부유하게

9 A cat doesn't make   fat.

한 고양이는 만들지 않는다   그와 그녀를   뚱뚱하게

10 A dog doesn't make   happy.

한 강아지는 만들지 않는다   나의 엄마와 아빠를   행복하게

1 Dad doesn't make

아빠는 만들지 않는다　　나를　　배고프게

2 Mom doesn't make

엄마는 만들지 않는다　　너를　　화나게

3 He doesn't make

그는 만들지 않는다　　우리를　　어리게

4 She doesn't make

그녀는 만들지 않는다　　그들을　　피곤하게

5 It doesn't make

그것은 만들지 않는다　　너희를　　작게

6 Dooboo doesn't make

두부는 만들지 않는다　　너와 나를　　용감하게

7 A boy doesn't make

한 소년은 만들지 않는다　　두부와 나를　　졸리게

8 A girl doesn't make

한 소녀는 만들지 않는다　　한 고양이와 한 강아지를　　부유하게

9 A cat doesn't make

한 고양이는 만들지 않는다　　그와 그녀를　　뚱뚱하게

10 A dog doesn't make

한 강아지는 만들지 않는다　　나의 엄마와 아빠를　　행복하게

빈칸 채우기 ③

1

아빠는 나를 배고프게 만들지 않는다.

2

엄마는 너를 화나게 만들지 않는다.

3

그는 우리를 어리게 만들지 않는다.

4

그녀는 그들을 피곤하게 만들지 않는다.

5

그것은 너희를 작게 만들지 않는다.

6

두부는 너와 나를 용감하게 만들지 않는다.

7

한 소년은 두부와 나를 졸리게 만들지 않는다.

8

한 소녀는 한 고양이와 한 강아지를 부유하게 만들지 않는다.

9

한 고양이는 그와 그녀를 뚱뚱하게 만들지 않는다.

10

한 강아지는 나의 엄마와 아빠를 행복하게 만들지 않는다.

1 Does dad make me hungry ?

아빠는 　　　 만드니? 나를 　　　 배고프게

2 Does mom make you angry ?

엄마는 　　　 만드니? 너를 　　　 화나게

3 Does he make us young ?

그는 　　　 만드니? 우리를 　　　 어리게

4 Does she make them tired ?

그녀는 　　　 만드니? 그들을 　　　 피곤하게

5 Does it make you small ?

그것은 　　　 만드니? 너희를 　　　 작게

6 Does Dooboo make you and me brave ?

두부는 　　　 만드니? 너와 나를 　　　 용감하게

7 Does a boy make Dooboo and me sleepy ?

한 소년은 　　　 만드니? 두부와 나를 　　　 졸리게

8 Does a girl make a cat and a dog rich ?

한 소녀는 　　　 만드니? 한 고양이와 한 강아지를 　　　 부유하게

9 Does a cat make him and her fat ?

한 고양이는 　　　 만드니? 그와 그녀를 　　　 뚱뚱하게

10 Does a dog make my mom and dad happy ?

한 강아지는 　　　 만드니? 나의 엄마와 아빠를 　　　 행복하게

1 Does dad make   hungry?
아빠는   만드니?   나를   배고프게

2 Does mom make   angry?
엄마는   만드니?   너를   화나게

3 Does he make   young?
그는   만드니?   우리를   어리게

4 Does she make   tired?
그녀는   만드니?   그들을   피곤하게

5 Does it make   small?
그것은   만드니?   너희를   작게

6 Does Dooboo make   brave?
두부는   만드니?   너와 나를   용감하게

7 Does a boy make   sleepy?
한 소년은   만드니?   두부와 나를   졸리게

8 Does a girl make   rich?
한 소녀는   만드니?   한 고양이와 한 강아지를   부유하게

9 Does a cat make   fat?
한 고양이는   만드니?   그와 그녀를   뚱뚱하게

10 Does a dog make   happy?
한 강아지는   만드니?   나의 엄마와 아빠를   행복하게

1 Does dad make   ?

아빠는   만드니?   나를   배고프게

2 Does mom make   ?

엄마는   만드니?   너를   화나게

3 Does he make   ?

그는   만드니?   우리를   어리게

4 Does she make   ?

그녀는   만드니?   그들을   피곤하게

5 Does it make   ?

그것은   만드니?   너희를   작게

6 Does Dooboo make   ?

두부는   만드니?   너와 나를   용감하게

7 Does a boy make   ?

한 소년은   만드니?   두부와 나를   졸리게

8 Does a girl make   ?

한 소녀는   만드니?   한 고양이와 한 강아지를   부유하게

9 Does a cat make   ?

한 고양이는   만드니?   그와 그녀를   뚱뚱하게

10 Does a dog make   ?

한 강아지는   만드니?   나의 엄마와 아빠를   행복하게

빈칸 채우기 ③

1

아빠는 나를 배고프게 만드니?

2

엄마는 너를 화나게 만드니?

3

그는 우리를 어리게 만드니?

4

그녀는 그들을 피곤하게 만드니?

5

그것은 너희를 작게 만드니?

6

두부는 너와 나를 용감하게 만드니?

7

한 소년은 두부와 나를 졸리게 만드니?

8

한 소녀는 한 고양이와 한 강아지를 부유하게 만드니?

9

한 고양이는 그와 그녀를 뚱뚱하게 만드니?

10

한 강아지는 나의 엄마와 아빠를 행복하게 만드니?

다음 한글에 맞는 영어문장을 적으시오.

1 나는 아빠를 배고프게 만든다.

2 너는 엄마를 화나게 만든다.

3 그들은 그녀를 피곤하게 만든다.

4 나의 엄마와 아빠는 한 강아지를 행복하게 만든다.

5 우리는 그를 어리게 만들지 않는다.

6 너희는 그것을 작게 만들지 않는다.

7 너와 나는 두부를 용감하게 만들지 않는다.

8 그와 그녀는 한 고양이를 뚱뚱하게 만들지 않는다.

9 나는 아빠를 배고프게 만드니?

10 너는 엄마를 화나게 만드니?

11 우리는 그를 어리게 만드니?

12 그녀는 그들을 피곤하게 만든다.

13 두부는 너와 나를 용감하게 만든다.

14 한 강아지는 나의 엄마와 아빠를 행복하게 만든다.

15 엄마는 너를 화나게 만들지 않는다.

16 그녀는 그들을 피곤하게 만들지 않는다.

17 두부는 너와 나를 용감하게 만들지 않는다.

18 엄마는 너를 화나게 만드니?

19 그녀는 그들을 피곤하게 만드니?

20 두부는 너와 나를 용감하게 만드니?

다음 영어에 맞는 한글문장을 적으시오.

1   I make dad hungry.

2   You make mom angry.

3   They make her tired.

4   My mom and dad make a dog happy.

5   We don't make him young.

6   You don't make it small.

7   You and I don't make Dooboo brave.

8   He and she don't make a cat fat.

9   Do I make dad hungry?

10   Do you make mom angry?

11   Do we make him young?

12   She makes them tired.

13   Dooboo makes you and me brave.

14   A dog makes my mom and dad happy.

15   Mom doesn't make you angry.

16   She doesn't make them tired.

17   Dooboo doesn't make you and me brave.

18   Does mom make you angry?

19   Does she make them tired?

20   Does Dooboo make you and me brave?

I 나   you 너   we 우리   they 그들

Dooboo 두부(이름)   cat 고양이   dog 강아지

he 그   she 그녀   dad 아빠   mom 엄마

it 그것   boy 소년   girl 소녀

Chapter 3 단어 체크

- ☑ dancing 춤추고 있는
- ☐ sleeping 자고 있는
- ☐ running 달리고 있는
- ☐ walking 걷고 있는
- ☐ swimming 수영하고 있는
- ☐ barking 짖고 있는
- ☐ jumping 뛰고 있는
- ☐ clapping 박수치고 있는
- ☐ crying 울고 있는
- ☐ coming 오고 있는

Chapter 3

see 보다

	주어	동사	목적어	목적격 보어 (현재분사 ~ing)
긍정문	I	see	+ 명사 (dad, mom, him, her, a boy, a girl...etc.)	+ 현재분사 (sleeping, dancing, walking, running, barking, swimming, clapping, jumping, coming...etc.)
	You	see		
	He	sees		
	It	sees		
부정문	I	don't see	+ 명사 (dad, mom, him, her, a boy, a girl...etc.)	+ 현재분사 (sleeping, dancing, walking, running, barking, swimming, clapping, jumping, coming...etc.)
	You	don't see		
	He	doesn't see		
	It	doesn't see		
의문문	I	Do I see~?	+ 명사 (dad, mom, him, her, a boy, a girl...etc.)	+ 현재분사 (sleeping, dancing, walking, running, barking, swimming, clapping, jumping, coming...etc.)
	You	Do you see~?		
	He	Does he see~?		
	It	Does it see~?		

따라쓰기

1 I see dad sleeping .

나는 본다 아빠가   자고 있는 것을

2 You see mom dancing .

너는 본다   엄마가   춤추고 있는 것을

3 We see him walking .

우리는 본다   그가   걷고 있는 것을

4 They see her running .

그들은 본다   그녀가   달리고 있는 것을

5 You see it barking .

너희는 본다   그것이   짖고 있는 것을

6 You and I see Dooboo swimming .

너와 나는   본다   두부가   수영하고 있는 것을

7 Dooboo and I see a boy clapping .

두부와 나는   본다   한 소년이   박수치고 있는 것을

8 A cat and a dog see a girl jumping .

한 고양이와 한 강아지는   본다   한 소녀가   뛰고 있는 것을

9 He and she see a cat coming .

그와 그녀는   본다   한 고양이가   오고 있는 것을

10 My mom and dad see a dog crying .

나의 엄마와 아빠는   본다   한 강아지가   울고 있는 것을

1 I see _____ sleeping.

　　나는 본다　　　아빠가　　　자고 있는 것을

2 You see _____ dancing.

　　너는　본다　　　엄마가　　　춤추고 있는 것을

3 We see _____ walking.

　　우리는 본다　　　그가　　　걷고 있는 것을

4 They see _____ running.

　　그들은　본다　　　그녀가　　　달리고 있는 것을

5 You see _____ barking.

　　너희는 본다　　　그것이　　　짖고 있는 것을

6 You and I see _____ swimming.

　　너와 나는　본다　　　두부가　　　수영하고 있는 것을

7 Dooboo and I see _____ clapping.

　　두부와 나는　본다　　　한 소년이　　　박수치고 있는 것을

8 A cat and a dog see _____ jumping.

　　한 고양이와 한 강아지는　본다　　　한 소녀가　　　뛰고 있는 것을

9 He and she see _____ coming.

　　그와 그녀는　본다　　　한 고양이가　　　오고 있는 것을

10 My mom and dad see _____ crying.

　　나의 엄마와 아빠는　본다　　　한 강아지가　　　울고 있는 것을

unit 13 빈칸 채우기 ②

1 I see ⬚ ⬚ .

나는 본다　아빠가　　　　　자고 있는 것을

2 You see ⬚ ⬚ .

너는　본다　　엄마가　　　　　춤추고 있는 것을

3 We see ⬚ ⬚ .

우리는 본다　　그가　　　　　걷고 있는 것을

4 They see ⬚ ⬚ .

그들은　본다　　그녀가　　　　달리고 있는 것을

5 You see ⬚ ⬚ .

너희는 본다　　그것이　　　　짖고 있는 것을

6 You and I see ⬚ ⬚ .

너와 나는　　　본다　두부가　　　　수영하고 있는 것을

7 Dooboo and I see ⬚ ⬚ .

두부와 나는　　　　본다　한 소년이　　　　박수치고 있는 것을

8 A cat and a dog see ⬚ ⬚ .

한 고양이와 한 강아지는　　본다　한 소녀가　　　　뛰고 있는 것을

9 He and she see ⬚ ⬚ .

그와 그녀는　　　본다　한 고양이가　　오고 있는 것을

10 My mom and dad see ⬚ ⬚ .

나의 엄마와 아빠는　　　본다　한 강아지가　　　울고 있는 것을

70

빈칸 채우기 ③

1

나는 아빠가 자고 있는 것을 본다.

2

너는 엄마가 춤추고 있는 것을 본다.

3

우리는 그가 걷고 있는 것을 본다.

4

그들은 그녀가 달리고 있는 것을 본다.

5

너희는 그것이 짖고 있는 것을 본다.

6

너와 나는 두부가 수영하고 있는 것을 본다.

7

두부와 나는 한 소년이 박수치고 있는 것을 본다.

8

한 고양이와 한 강아지는 한 소녀가 뛰고 있는 것을 본다.

9

그와 그녀는 한 고양이가 오고 있는 것을 본다.

10

나의 엄마와 아빠는 한 강아지가 울고 있는 것을 본다.

1 I don't see dad sleeping .

나는 보지 않는다   아빠가   자고 있는 것을

2 You don't see mom dancing .

너는 보지 않는다   엄마가   춤추고 있는 것을

3 We don't see him walking .

우리는 보지 않는다   그가   걷고 있는 것을

4 They don't see her running .

그들은 보지 않는다   그녀가   달리고 있는 것을

5 You don't see it barking .

너희는 보지 않는다   그것이   짖고 있는 것을

6 You and I don't see Dooboo swimming .

너와 나는   보지 않는다   두부가   수영하고 있는 것을

7 Dooboo and I don't see a boy clapping .

두부와 나는   보지 않는다   한 소년이   박수치고 있는 것을

8 A cat and a dog don't see a girl jumping .

한 고양이와 한 강아지는   보지 않는다   한 소녀가   뛰고 있는 것을

9 He and she don't see a cat coming .

그와 그녀는   보지 않는다   한 고양이가   오고 있는 것을

10 My mom and dad don't see a dog crying .

나의 엄마와 아빠는   보지 않는다   한 강아지가   울고 있는 것을

빈칸 채우기 ①

1 I don't see _____ sleeping.

나는 보지 않는다　　　아빠가　　　자고 있는 것을

2 You don't see _____ dancing.

너는　보지 않는다　　　엄마가　　　춤추고 있는 것을

3 We don't see _____ walking.

우리는 보지 않는다　　　그가　　　걷고 있는 것을

4 They don't see _____ running.

그들은　보지 않는다　　　그녀가　　　달리고 있는 것을

5 You don't see _____ barking.

너희는 보지 않는다　　　그것이　　　짖고 있는 것을

6 You and I don't see _____ swimming.

너와 나는　　보지 않는다　　　두부가　　　수영하고 있는 것을

7 Dooboo and I don't see _____ clapping.

두부와 나는　　　보지 않는다　　　한 소년이　　　박수치고 있는 것을

8 A cat and a dog don't see _____ jumping.

한 고양이와 한 강아지는　　보지 않는다　　　한 소녀가　　　뛰고 있는 것을

9 He and she don't see _____ coming.

그와 그녀는　　보지 않는다　　　한 고양이가　　　오고 있는 것을

10 My mom and dad don't see _____ crying.

나의 엄마와 아빠는　　　보지 않는다　　　한 강아지가　　　울고 있는 것을

빈칸 채우기 ②

1 I don't see ⬚ ⬚ .

나는 보지 않는다　　아빠가　　　　자고 있는 것을

2 You don't see ⬚ ⬚ .

너는　보지 않는다　　엄마가　　　　춤추고 있는 것을

3 We don't see ⬚ ⬚ .

우리는 보지 않는다　　그가　　　　걷고 있는 것을

4 They don't see ⬚ ⬚ .

그들은　보지 않는다　　그녀가　　　　달리고 있는 것을

5 You don't see ⬚ ⬚ .

너희는 보지 않는다　　그것이　　　　짖고 있는 것을

6 You and I don't see ⬚ ⬚ .

너와 나는　　보지 않는다　　두부가　　　　수영하고 있는 것을

7 Dooboo and I don't see ⬚ ⬚ .

두부와 나는　　　보지 않는다　　한 소년이　　　박수치고 있는 것을

8 A cat and a dog don't see ⬚ ⬚ .

한 고양이와 한 강아지는　　보지 않는다　　한 소녀가　　뛰고 있는 것을

9 He and she don't see ⬚ ⬚ .

그와 그녀는　　보지 않는다　　한 고양이가　　오고 있는 것을

10 My mom and dad don't see ⬚ ⬚ .

나의 엄마와 아빠는　　　보지 않는다　　한 강아지가　　울고 있는 것을

빈칸 채우기 ③

1

나는 아빠가 자고 있는 것을 보지 않는다.

2

너는 엄마가 춤추고 있는 것을 보지 않는다.

3

우리는 그가 걷고 있는 것을 보지 않는다.

4

그들은 그녀가 달리고 있는 것을 보지 않는다.

5

너희는 그것이 짖고 있는 것을 보지 않는다.

6

너와 나는 두부가 수영하고 있는 것을 보지 않는다.

7

두부와 나는 한 소년이 박수치고 있는 것을 보지 않는다.

8

한 고양이와 한 강아지는 한 소녀가 뛰고 있는 것을 보지 않는다.

9

그와 그녀는 한 고양이가 오고 있는 것을 보지 않는다.

10

나의 엄마와 아빠는 한 강아지가 울고 있는 것을 보지 않는다.

따라쓰기

1 Do I see dad sleeping ?

나는　　보니?　아빠가　　　　자고 있는 것을

2 Do you see mom dancing ?

너는　　　보니?　엄마가　　　　춤추고 있는 것을

3 Do we see him walking ?

우리는　　보니?　그가　　　　걷고 있는 것을

4 Do they see her running ?

그들은　　　보니?　그녀가　　　　달리고 있는 것을

5 Do you see it barking ?

너희는　　보니?　그것이　　짖고 있는 것을

6 Do you and I see Dooboo swimming ?

너와 나는　　　　보니?　두부가　　　　　수영하고 있는 것을

7 Do Dooboo and I see a boy clapping ?

두부와 나는　　　　　보니?　한 소년이　　　박수치고 있는 것을

8 Do a cat and a dog see a girl jumping ?

한 고양이와 한 강아지는　　　보니?　한 소녀가　　뛰고 있는 것을

9 Do he and she see a cat coming ?

그와 그녀는　　　　보니?　한 고양이가　　오고 있는 것을

10 Do my mom and dad see a dog crying ?

나의 엄마와 아빠는　　　　　보니?　한 강아지가　　울고 있는 것을

1 Do I see _____ sleeping?

나는 　보니? 　　　아빠가 　　자고 있는 것을

2 Do you see _____ dancing?

너는 　　보니? 　　　엄마가 　　춤추고 있는 것을

3 Do we see _____ walking?

우리는 　보니? 　　　그가 　　걷고 있는 것을

4 Do they see _____ running?

그들은 　　보니? 　　　그녀가 　　달리고 있는 것을

5 Do you see _____ barking?

너희는 　　보니? 　　　그것이 　　짖고 있는 것을

6 Do you and I see _____ swimming?

너와 나는 　　　보니? 　　두부가 　　수영하고 있는 것을

7 Do Dooboo and I see _____ clapping?

두부와 나는 　　　보니? 　　한 소년이 　　박수치고 있는 것을

8 Do a cat and a dog see _____ jumping?

한 고양이와 한 강아지는 　　　보니? 　한 소녀가 　　뛰고 있는 것을

9 Do he and she see _____ coming?

그와 그녀는 　　보니? 　　한 고양이가 　　오고 있는 것을

10 Do my mom and dad see _____ crying?

나의 엄마와 아빠는 　　　보니? 　한 강아지가 　　울고 있는 것을

77

1 Do I see ⬜ ⬜ ?

나는 　보니? 　아빠가 　　　자고 있는 것을

2 Do you see ⬜ ⬜ ?

너는 　　보니? 　엄마가 　　　춤추고 있는 것을

3 Do we see ⬜ ⬜ ?

우리는 　보니? 　그가 　　　걷고 있는 것을

4 Do they see ⬜ ⬜ ?

그들은 　보니? 　그녀가 　　　달리고 있는 것을

5 Do you see ⬜ ⬜ ?

너희는 　보니? 　그것이 　　　짖고 있는 것을

6 Do you and I see ⬜ ⬜ ?

너와 나는 　　　보니? 　두부가 　　　수영하고 있는 것을

7 Do Dooboo and I see ⬜ ⬜ ?

두부와 나는 　　　　보니? 　한 소년이 　　　박수치고 있는 것을

8 Do a cat and a dog see ⬜ ⬜ ?

한 고양이와 한 강아지는 　　보니? 　한 소녀가 　　　뛰고 있는 것을

9 Do he and she see ⬜ ⬜ ?

그와 그녀는 　　보니? 　한 고양이가 　　오고 있는 것을

10 Do my mom and dad see ⬜ ⬜ ?

나의 엄마와 아빠는 　　　　보니? 　한 강아지가 　　　울고 있는 것을

빈칸 채우기 ③

1

나는 아빠가 자고 있는 것을 보니?

2

너는 엄마가 춤추고 있는 것을 보니?

3

우리는 그가 걷고 있는 것을 보니?

4

그들은 그녀가 달리고 있는 것을 보니?

5

너희는 그것이 짖고 있는 것을 보니?

6

너와 나는 두부가 수영하고 있는 것을 보니?

7

두부와 나는 한 소년이 박수치고 있는 것을 보니?

8

한 고양이와 한 강아지는 한 소녀가 뛰고 있는 것을 보니?

9

그와 그녀는 한 고양이가 오고 있는 것을 보니?

10

나의 엄마와 아빠는 한 강아지가 울고 있는 것을 보니?

따라쓰기

1 Dad sees me sleeping .

아빠는 본다 내가 자고 있는 것을

2 Mom sees you dancing .

엄마는 본다 너가 춤추고 있는 것을

3 He sees us walking .

그는 본다 우리가 걷고 있는 것을

4 She sees them running .

그녀는 본다 그들이 달리고 있는 것을

5 It sees you barking .

그것은 본다 너희가 짖고 있는 것을

6 Dooboo sees you and me swimming .

두부는 본다 너와 내가 수영하고 있는 것을

7 A boy sees Dooboo and me clapping .

한 소년은 본다 두부와 내가 박수치고 있는 것을

8 A girl sees a cat and a dog jumping .

한 소녀는 본다 한 고양이와 한 강아지가 뛰고 있는 것을

9 A cat sees him and her coming .

한 고양이는 본다 그와 그녀가 오고 있는 것을

10 A dog sees my mom and dad crying .

한 강아지는 본다 나의 엄마와 아빠가 울고 있는 것을

1 Dad sees _____ sleeping.

아빠는 본다   내가   자고 있는 것을

2 Mom sees _____ dancing.

엄마는 본다   너가   춤추고 있는 것을

3 He sees _____ walking.

그는 본다   우리가   걷고 있는 것을

4 She sees _____ running.

그녀는 본다   그들이   달리고 있는 것을

5 It sees _____ barking.

그것은 본다   너희가   짖고 있는 것을

6 Dooboo sees _____ swimming.

두부는   본다   너와 내가   수영하고 있는 것을

7 A boy sees _____ clapping.

한 소년은 본다   두부와 내가   박수치고 있는 것을

8 A girl sees _____ jumping.

한 소녀는 본다   한 고양이와 한 강아지가   뛰고 있는 것을

9 A cat sees _____ coming.

한 고양이는 본다   그와 그녀가   오고 있는 것을

10 A dog sees _____ crying.

한 강아지는 본다   나의 엄마와 아빠가   울고 있는 것을

unit
16

unit 16 빈칸 채우기 ②

1 Dad sees _____ _____ .
아빠는 본다   내가   자고 있는 것을

2 Mom sees _____ _____ .
엄마는 본다   너가   춤추고 있는 것을

3 He sees _____ _____ .
그는 본다   우리가   걷고 있는 것을

4 She sees _____ _____ .
그녀는 본다   그들이   달리고 있는 것을

5 It sees _____ _____ .
그것은 본다   너희가   짖고 있는 것을

6 Dooboo sees _____ _____ .
두부는   본다   너와 내가   수영하고 있는 것을

7 A boy sees _____ _____ .
한 소년은 본다   두부와 내가   박수치고 있는 것을

8 A girl sees _____ _____ .
한 소녀는 본다   한 고양이와 한 강아지가   뛰고 있는 것을

9 A cat sees _____ _____ .
한 고양이는 본다   그와 그녀가   오고 있는 것을

10 A dog sees _____ _____ .
한 강아지는 본다   나의 엄마와 아빠가   울고 있는 것을

빈칸 채우기 ③

1

아빠는 내가 자고 있는 것을 본다.

2

엄마는 너가 춤추고 있는 것을 본다.

3

그는 우리가 걷고 있는 것을 본다.

4

그녀는 그들이 달리고 있는 것을 본다.

5

그것은 너희가 짖고 있는 것을 본다.

6

두부는 너와 내가 수영하고 있는 것을 본다.

7

한 소년은 두부와 내가 박수치고 있는 것을 본다.

8

한 소녀는 한 고양이와 한 강아지가 뛰고 있는 것을 본다.

9

한 고양이는 그와 그녀가 오고 있는 것을 본다.

10

한 강아지는 나의 엄마와 아빠가 울고 있는 것을 본다.

따라쓰기

1 Dad doesn't see me sleeping .

아빠는 보지 않는다 내가 자고 있는 것을

2 Mom doesn't see you dancing .

엄마는 보지 않는다 너가 춤추고 있는 것을

3 He doesn't see us walking .

그는 보지 않는다 우리가 걷고 있는 것을

4 She doesn't see them running .

그녀는 보지 않는다 그들이 달리고 있는 것을

5 It doesn't see you barking .

그것은 보지 않는다 너희가 짖고 있는 것을

6 Dooboo doesn't see you and me swimming .

두부는 보지 않는다 너와 내가 수영하고 있는 것을

7 A boy doesn't see Dooboo and me clapping .

한 소년은 보지 않는다 두부와 내가 박수치고 있는 것을

8 A girl doesn't see a cat and a dog jumping .

한 소녀는 보지 않는다 한 고양이와 한 강아지가 뛰고 있는 것을

9 A cat doesn't see him and her coming .

한 고양이는 보지 않는다 그와 그녀가 오고 있는 것을

10 A dog doesn't see my mom and dad crying .

한 강아지는 보지 않는다 나의 엄마와 아빠가 울고 있는 것을

1 Dad doesn't see _____ sleeping.
아빠는 보지 않는다   내가   자고 있는 것을

2 Mom doesn't see _____ dancing.
엄마는 보지 않는다   너가   춤추고 있는 것을

3 He doesn't see _____ walking.
그는 보지 않는다   우리가   걷고 있는 것을

4 She doesn't see _____ running.
그녀는 보지 않는다   그들이   달리고 있는 것을

5 It doesn't see _____ barking.
그것은 보지 않는다   너희가   짖고 있는 것을

6 Dooboo doesn't see _____ swimming.
두부는 보지 않는다   너와 내가   수영하고 있는 것을

7 A boy doesn't see _____ clapping.
한 소년은 보지 않는다   두부와 내가   박수치고 있는 것을

8 A girl doesn't see _____ jumping.
한 소녀는 보지 않는다   한 고양이와 한 강아지가   뛰고 있는 것을

9 A cat doesn't see _____ coming.
한 고양이는 보지 않는다   그와 그녀가   오고 있는 것을

10 A dog doesn't see _____ crying.
한 강아지는 보지 않는다   나의 엄마와 아빠가   울고 있는 것을

unit 17

1 Dad doesn't see _____ _____.
아빠는   보지 않는다   내가   자고 있는 것을

2 Mom doesn't see _____ _____.
엄마는   보지 않는다   너가   춤추고 있는 것을

3 He doesn't see _____ _____.
그는   보지 않는다   우리가   걷고 있는 것을

4 She doesn't see _____ _____.
그녀는 보지 않는다   그들이   달리고 있는 것을

5 It doesn't see _____ _____.
그것은 보지 않는다   너희가   짖고 있는 것을

6 Dooboo doesn't see _____ _____.
두부는   보지 않는다   너와 내가   수영하고 있는 것을

7 A boy doesn't see _____ _____.
한 소년은   보지 않는다   두부와 내가   박수치고 있는 것을

8 A girl doesn't see _____ _____.
한 소녀는   보지 않는다   한 고양이와 한 강아지가   뛰고 있는 것을

9 A cat doesn't see _____ _____.
한 고양이는 보지 않는다   그와 그녀가   오고 있는 것을

10 A dog doesn't see _____ _____.
한 강아지는 보지 않는다   나의 엄마와 아빠가   울고 있는 것을

빈칸 채우기 ③

1

아빠는 내가 자고 있는 것을 보지 않는다.

2

엄마는 너가 춤추고 있는 것을 보지 않는다.

3

그는 우리가 걷고 있는 것을 보지 않는다.

4

그녀는 그들이 달리고 있는 것을 보지 않는다.

5

그것은 너희가 짖고 있는 것을 보지 않는다.

6

두부는 너와 내가 수영하고 있는 것을 보지 않는다.

7

한 소년은 두부와 내가 박수치고 있는 것을 보지 않는다.

8

한 소녀는 한 고양이와 한 강아지가 뛰고 있는 것을 보지 않는다.

9

한 고양이는 그와 그녀가 오고 있는 것을 보지 않는다.

10

한 강아지는 나의 엄마와 아빠가 울고 있는 것을 보지 않는다.

1 Does dad see me sleeping ?
아빠는   보니?   내가   자고 있는 것을

2 Does mom see you dancing ?
엄마는   보니?   너가   춤추고 있는 것을

3 Does he see us walking ?
그는   보니?   우리가   걷고 있는 것을

4 Does she see them running ?
그녀는   보니?   그들이   달리고 있는 것을

5 Does it see you barking ?
그것은   보니?   너희가   짖고 있는 것을

6 Does Dooboo see you and me swimming ?
두부는   보니?   너와 내가   수영하고 있는 것을

7 Does a boy see Dooboo and me clapping ?
한 소년은   보니?   두부와 내가   박수치고 있는 것을

8 Does a girl see a cat and a dog jumping ?
한 소녀는   보니?   한 고양이와 한 강아지가   뛰고 있는 것을

9 Does a cat see him and her coming ?
한 고양이는   보니?   그와 그녀가   오고 있는 것을

10 Does a dog see my mom and dad crying ?
한 강아지는   보니?   나의 엄마와 아빠가   울고 있는 것을

빈칸 채우기 ①

1 Does dad see _____ sleeping?

아빠는   보니?   내가   자고 있는 것을

2 Does mom see _____ dancing?

엄마는   보니?   너가   춤추고 있는 것을

3 Does he see _____ walking?

그는   보니?   우리가   걷고 있는 것을

4 Does she see _____ running?

그녀는   보니?   그들이   달리고 있는 것을

5 Does it see _____ barking?

그것은   보니?   너희가   짖고 있는 것을

6 Does Dooboo see _____ swimming?

두부는   보니?   너와 내가   수영하고 있는 것을

7 Does a boy see _____ clapping?

한 소년은   보니?   두부와 내가   박수치고 있는 것을

8 Does a girl see _____ jumping?

한 소녀는   보니?   한 고양이와 한 강아지가   뛰고 있는 것을

9 Does a cat see _____ coming?

한 고양이는   보니?   그와 그녀가   오고 있는 것을

10 Does a dog see _____ crying?

한 강아지는   보니?   나의 엄마와 아빠가   울고 있는 것을

빈칸 채우기 ②

1 Does dad see ⬚⬚⬚⬚⬚⬚⬚ ⬚⬚⬚⬚⬚⬚⬚⬚ ?

아빠는　　　보니?　내가　　　　　　　자고 있는 것을

2 Does mom see ⬚⬚⬚⬚⬚⬚⬚ ⬚⬚⬚⬚⬚⬚⬚⬚ ?

엄마는　　　보니?　너가　　　　　　　춤추고 있는 것을

3 Does he see ⬚⬚⬚⬚⬚⬚⬚ ⬚⬚⬚⬚⬚⬚⬚ ?

그는　　　보니?　우리가　　　　　　걷고 있는 것을

4 Does she see ⬚⬚⬚⬚⬚⬚⬚ ⬚⬚⬚⬚⬚⬚⬚ ?

그녀는　　　보니?　그들이　　　　　　달리고 있는 것을

5 Does it see ⬚⬚⬚⬚⬚⬚⬚ ⬚⬚⬚⬚⬚⬚ ?

그것은　　　보니?　너희가　　　　　　짖고 있는 것을

6 Does Dooboo see ⬚⬚⬚⬚⬚⬚⬚ ⬚⬚⬚⬚⬚⬚⬚⬚ ?

두부는　　　보니?　너와 내가　　　　수영하고 있는 것을

7 Does a boy see ⬚⬚⬚⬚⬚⬚⬚ ⬚⬚⬚⬚⬚⬚ ?

한 소년은　　　보니?　두부와 내가　　박수치고 있는 것을

8 Does a girl see ⬚⬚⬚⬚⬚⬚⬚ ⬚⬚⬚⬚⬚⬚⬚ ?

한 소녀는　　　보니?　한 고양이와 한 강아지가　뛰고 있는 것을

9 Does a cat see ⬚⬚⬚⬚⬚⬚⬚ ⬚⬚⬚⬚⬚⬚⬚ ?

한 고양이는　　　보니?　그와 그녀가　　오고 있는 것을

10 Does a dog see ⬚⬚⬚⬚⬚⬚⬚ ⬚⬚⬚⬚⬚ ?

한 강아지는　　　보니?　나의 엄마와 아빠가　울고 있는 것을

빈칸 채우기 ③

1

아빠는 내가 자고 있는 것을 보니?

2

엄마는 너가 춤추고 있는 것을 보니?

3

그는 우리가 걷고 있는 것을 보니?

4

그녀는 그들이 달리고 있는 것을 보니?

5

그것은 너희가 짖고 있는 것을 보니?

6

두부는 너와 내가 수영하고 있는 것을 보니?

7

한 소년은 두부와 내가 박수치고 있는 것을 보니?

8

한 소녀는 한 고양이와 한 강아지가 뛰고 있는 것을 보니?

9

한 고양이는 그와 그녀가 오고 있는 것을 보니?

10

한 강아지는 나의 엄마와 아빠가 울고 있는 것을 보니?

다음 한글에 맞는 영어문장을 적으시오.

1 나는 아빠가 자고 있는 것을 본다.

2 두부와 나는 한 소년이 박수치고 있는 것을 본다.

3 나의 엄마와 아빠는 한 강아지가 울고 있는 것을 본다.

4 너는 엄마가 춤추고 있는 것을 보지 않는다.

5 한 고양이와 한 강아지는 한 소녀가 뛰고 있는 것을 보지 않는다.

6 그들은 그녀가 달리고 있는 것을 보니?

7 나의 엄마와 아빠는 한 강아지가 울고 있는 것을 보니?

8 너희는 그것이 짖고 있는 것을 보니?

9 그들은 그녀가 달리고 있는 것을 보지 않는다.

10 너와 나는 두부가 수영하고 있는 것을 보지 않는다.

11 한 강아지는 나의 엄마와 아빠가 울고 있는 것을 보지 않는다.

12 한 소년은 두부와 내가 박수치고 있는 것을 보지 않는다.

13 엄마는 너가 춤추고 있는 것을 본다.

14 두부는 너와 내가 수영하고 있는 것을 본다.

15 한 고양이는 그와 그녀가 오고 있는 것을 본다.

16 그는 우리가 걷고 있는 것을 보지 않는다.

17 그녀는 그들이 달리고 있는 것을 보지 않는다.

18 그것은 너희가 짖고 있는 것을 보니?

19 한 소녀는 한 고양이와 한 강아지가 뛰고 있는 것을 보니?

20 한 강아지는 나의 엄마와 아빠가 울고 있는 것을 보니?

다음 영어에 맞는 한글문장을 적으시오.

1 I see dad sleeping.

2 Dooboo and I see a boy clapping.

3 My mom and dad see a dog crying.

4 You don't see mom dancing.

5 A cat and a dog don't see a girl jumping.

6 Do they see her running?

7 Do my mom and dad see a dog crying?

8 Do you see it barking?

9 They don't see her running.

10 You and I don't see Dooboo swimming.

11 A dog doesn't see my mom and dad crying.

12 A boy doesn't see Dooboo and me clapping.

13 Mom sees you dancing.

14 Dooboo sees you and me swimming.

15 A cat sees him and her coming.

16 He doesn't see us walking.

17 She doesn't see them running.

18 Does it see you barking?

19 Does a girl see a cat and a dog jumping?

20 Does a dog see my mom and dad crying?

I 나   you 너   we 우리   they 그들

Dooboo 두부(이름)   cat 고양이   dog 강아지

he 그   she 그녀   dad 아빠   mom 엄마

it 그것   boy 소년   girl 소녀

Chapter 4 단어 체크

☑ leave 떠나다   ☐ draw 그리다

☐ drink 마시다   ☐ eat 먹다

☐ play 놀다   ☐ go 가다

☐ swim 수영하다   ☐ sleep 잠자다

☐ walk 걷다   ☐ sing 노래하다

Chapter 4

let 허락하다

	주어	동사	목적어	목적격 보어 (동사원형)
긍정문	I	let	+ 명사 (dad, mom, him, her, a boy, a girl...etc.)	+ 동사원형 (draw, leave, eat, drink, go, play, sleep, swim, sing, walk...etc.)
	You	let		
	He	lets		
	It	lets		
부정문	I	don't let	+ 명사 (dad, mom, him, her, a boy, a girl...etc.)	+ 동사원형 (draw, leave, eat, drink, go, play, sleep, swim, sing, walk...etc.)
	You	don't let		
	He	doesn't let		
	It	doesn't let		
의문문	I	Do I let~?	+ 명사 (dad, mom, him, her, a boy, a girl...etc.)	+ 동사원형 (draw, leave, eat, drink, go, play, sleep, swim, sing, walk...etc.)
	You	Do you let~?		
	He	Does he let~?		
	It	Does it let~?		

unit 19 — 따라쓰기

1 I let dad draw .

나는 허락한다 아빠가 그림 그리게

2 You let mom leave .

너는 허락한다 엄마가 떠나게

3 We let him eat .

우리는 허락한다 그가 먹게

4 They let her drink .

그들은 허락한다 그녀가 마시게

5 You let it go .

너희는 허락한다 그것이 가게

6 You and I let Dooboo play .

너와 나는 허락한다 두부가 놀게

7 Dooboo and I let a boy sleep .

두부와 나는 허락한다 한 소년이 잠자게

8 A cat and a dog let a girl swim .

한 고양이와 한 강아지는 허락한다 한 소녀가 수영하게

9 He and she let a cat sing .

그와 그녀는 허락한다 한 고양이가 노래하게

10 My mom and dad let a dog walk .

나의 엄마와 아빠는 허락한다 한 강아지가 걷게

96

빈칸 채우기 ①

1 I let _____ draw.

나는 허락한다   아빠가   그림 그리게

2 You let _____ leave.

너는   허락한다   엄마가   떠나게

3 We let _____ eat.

우리는 허락한다   그가   먹게

4 They let _____ drink.

그들은   허락한다   그녀가   마시게

5 You let _____ go.

너희는 허락한다   그것이   가게

6 You and I let _____ play.

너와 나는   허락한다   두부가   놀게

7 Dooboo and I let _____ sleep.

두부와 나는   허락한다   한 소녀이   잠자게

8 A cat and a dog let _____ swim.

한 고양이와 한 강아지는   허락한다   한 소녀가   수영하게

9 He and she let _____ sing.

그와 그녀는   허락한다   한 고양이가   노래하게

10 My mom and dad let _____ walk.

나의 엄마와 아빠는   허락한다   한 강아지가   걷게

1 I let _____ _____ .

나는 허락한다 아빠가　　　　　　그림 그리게

2 You let _____ _____ .

너는　허락한다 엄마가　　　　　　떠나게

3 We let _____ _____ .

우리는 허락한다 그가　　　　　　먹게

4 They let _____ _____ .

그들은 허락한다 그녀가　　　　　　마시게

5 You let _____ _____ .

너희는 허락한다 그것이　　　　　　가게

6 You and I let _____ _____ .

너와 나는　　허락한다 두부가　　　　　　놀게

7 Dooboo and I let _____ _____ .

두부와 나는　　　　허락한다 한 소년이　　　　　　잠자게

8 A cat and a dog let _____ _____ .

한 고양이와 한 강아지는　　　허락한다 한 소녀가　　　　　수영하게

9 He and she let _____ _____ .

그와 그녀는　　　허락한다 한 고양이가　　　　　노래하게

10 My mom and dad let _____ _____ .

나의 엄마와 아빠는　　　　허락한다 한 강아지가　　　　　걷게

빈칸 채우기 ③

1

나는 아빠가 그림 그리게 허락한다.

2

너는 엄마가 떠나게 허락한다.

3

우리는 그가 먹게 허락한다.

4

그들은 그녀가 마시게 허락한다.

5

너희는 그것이 가게 허락한다.

6

너와 나는 두부가 놀게 허락한다.

7

두부와 나는 한 소년이 잠자게 허락한다.

8

한 고양이와 한 강아지는 한 소녀가 수영하게 허락한다.

9

그와 그녀는 한 고양이가 노래하게 허락한다.

10

나의 엄마와 아빠는 한 강아지가 걷게 허락한다.

1 I don't let dad   draw .

나는 허락하지 않는다 아빠가   그림 그리게

2 You don't let mom   leave .

너는   허락하지 않는다   엄마가   떠나게

3 We don't let him   eat .

우리는 허락하지 않는다   그가   먹게

4 They don't let her   drink .

그들은   허락하지 않는다 그녀가   마시게

5 You don't let it   go .

너희는 허락하지 않는다   그것이   가게

6 You and I don't let Dooboo   play .

너와 나는   허락하지 않는다   두부가   놀게

7 Dooboo and I don't let a boy   sleep .

두부와 나는   허락하지 않는다   한 소년이   잠자게

8 A cat and a dog don't let a girl   swim .

한 고양이와 한 강아지는   허락하지 않는다   한 소녀가   수영하게

9 He and she don't let a cat   sing .

그와 그녀는   허락하지 않는다   한 고양이가   노래하게

10 My mom and dad don't let a dog   walk .

나의 엄마와 아빠는   허락하지 않는다   한 강아지가   걷게

1 I don't let   draw.

나는 허락하지 않는다   아빠가   그림 그리게

2 You don't let   leave.

너는   허락하지 않는다   엄마가   떠나게

3 We don't let   eat.

우리는 허락하지 않는다   그가   먹게

4 They don't let   drink.

그들은   허락하지 않는다   그녀가   마시게

5 You don't let   go.

너희는 허락하지 않는다   그것이   가게

6 You and I don't let   play.

너와 나는   허락하지 않는다   두부가   놀게

7 Dooboo and I don't let   sleep.

두부와 나는   허락하지 않는다   한 소년이   잠자게

8 A cat and a dog don't let   swim.

한 고양이와 한 강아지는   허락하지 않는다   한 소녀가   수영하게

9 He and she don't let   sing.

그와 그녀는   허락하지 않는다   한 고양이가   노래하게

10 My mom and dad don't let   walk.

나의 엄마와 아빠는   허락하지 않는다   한 강아지가   걷게

1 I don't let ⬚ ⬚ .

나는 허락하지 않는다 아빠가 그림 그리게

2 You don't let ⬚ .

너는 허락하지 않는다 엄마가 떠나게

3 We don't let ⬚ .

우리는 허락하지 않는다 그가 먹게

4 They don't let ⬚ .

그들은 허락하지 않는다 그녀가 마시게

5 You don't let ⬚ .

너희는 허락하지 않는다 그것이 가게

6 You and I don't let ⬚ .

너와 나는 허락하지 않는다 두부가 놀게

7 Dooboo and I don't let ⬚ ⬚ .

두부와 나는 허락하지 않는다 한 소년이 잠자게

8 A cat and a dog don't let ⬚ ⬚ .

한 고양이와 한 강아지는 허락하지 않는다 한 소녀가 수영하게

9 He and she don't let ⬚ .

그와 그녀는 허락하지 않는다 한 고양이가 노래하게

10 My mom and dad don't let ⬚ .

나의 엄마와 아빠는 허락하지 않는다 한 강아지가 걷게

1

나는 아빠가 그림 그리게 허락하지 않는다.

2

너는 엄마가 떠나게 허락하지 않는다.

3

우리는 그가 먹게 허락하지 않는다.

4

그들은 그녀가 마시게 허락하지 않는다.

5

너희는 그것이 가게 허락하지 않는다.

6

너와 나는 두부가 놀게 허락하지 않는다.

7

두부와 나는 한 소년이 잠자게 허락하지 않는다.

8

한 고양이와 한 강아지는 한 소녀가 수영하게 허락하지 않는다.

9

그와 그녀는 한 고양이가 노래하게 허락하지 않는다.

10

나의 엄마와 아빠는 한 강아지가 걷게 허락하지 않는다.

1 Do I let   dad   draw   ?

나는   허락하니? 아빠가   그림 그리게

2 Do you let   mom   leave   ?

너는   허락하니? 엄마가   떠나게

3 Do we let   him   eat   ?

우리는   허락하니? 그가   먹게

4 Do they let   her   drink   ?

그들은   허락하니? 그녀가   마시게

5 Do you let   it   go   ?

너희는   허락하니? 그것이   가게

6 Do you and I let   Dooboo   play   ?

너와 나는   허락하니? 두부가   놀게

7 Do Dooboo and I let   a boy   sleep   ?

두부와 나는   허락하니? 한 소년이   잠자게

8 Do a cat and a dog let   a girl   swim   ?

한 고양이와 한 강아지는   허락하니? 한 소녀가   수영하게

9 Do he and she let   a cat   sing   ?

그와 그녀는   허락하니? 한 고양이가   노래하게

10 Do my mom and dad let   a dog   walk   ?

나의 엄마와 아빠는   허락하니? 한 강아지가   걷게

빈칸 채우기 ①

1 Do I let　　　　　　draw?

나는　　허락하니?　　아빠가　　　그림 그리게

2 Do you let　　　　　　　leave?

너는　　　허락하니?　　엄마가　　　떠나게

3 Do we let　　　　　　eat?

우리는　　허락하니?　　그가　　　먹게

4 Do they let　　　　　　drink?

그들은　　허락하니?　　그녀가　　　마시게

5 Do you let　　　　　　go?

너희는　　허락하니?　　그것이　　　가게

6 Do you and I let　　　　　　play?

너와 나는　　　　허락하니?　　두부가　　놀게

7 Do Dooboo and I let　　　　　　sleep?

두부와 나는　　　　　허락하니?　　한 소년이　　잠자게

8 Do a cat and a dog let　　　　　　swim?

한 고양이와 한 강아지는　　　　허락하니?　한 소녀가　　수영하게

9 Do he and she let　　　　　　sing?

그와 그녀는　　　　허락하니?　한 고양이가　　노래하게

10 Do my mom and dad let　　　　　　walk?

나의 엄마와 아빠는　　　　허락하니?　한 강아지가　　걷게

1 Do I let _____ _____ ?

나는   허락하니? 아빠가   그림 그리게

2 Do you let _____ _____ ?

너는   허락하니? 엄마가   떠나게

3 Do we let _____ _____ ?

우리는   허락하니? 그가   먹게

4 Do they let _____ _____ ?

그들은   허락하니? 그녀가   마시게

5 Do you let _____ _____ ?

너희는   허락하니? 그것이   가게

6 Do you and I let _____ _____ ?

너와 나는   허락하니? 두부가   놀게

7 Do Dooboo and I let _____ _____ ?

두부와 나는   허락하니? 한 소년이   잠자게

8 Do a cat and a dog let _____ _____ ?

한 고양이와 한 강아지는   허락하니? 한 소녀가   수영하게

9 Do he and she let _____ ?

그와 그녀는   허락하니? 한 고양이가   노래하게

10 Do my mom and dad let _____ ?

나의 엄마와 아빠는   허락하니? 한 강아지가   걷게

빈칸 채우기 ③

1 나는 아빠가 그림 그리게 허락하니?

2 너는 엄마가 떠나게 허락하니?

3 우리는 그가 먹게 허락하니?

4 그들은 그녀가 마시게 허락하니?

5 너희는 그것이 가게 허락하니?

6 너와 나는 두부가 놀게 허락하니?

7 두부와 나는 한 소년이 잠자게 허락하니?

8 한 고양이와 한 강아지는 한 소녀가 수영하게 허락하니?

9 그와 그녀는 한 고양이가 노래하게 허락하니?

10 나의 엄마와 아빠는 한 강아지가 걷게 허락하니?

unit 22　따라쓰기

1 Dad lets me draw .

아빠는　허락한다 내가　　　　그림 그리게

2 Mom lets you leave .

엄마는　허락한다 너가　　　　떠나게

3 He lets us eat .

그는 허락한다 우리가　　　먹게

4 She lets them drink .

그녀는 허락한다 그들이　　　마시게

5 It lets you go .

그것은 허락한다 너희가　　가게

6 Dooboo lets you and me play .

두부는　　　허락한다 너와 내가　　　　　　놀게

7 A boy lets Dooboo and me sleep .

한 소년은　허락한다 두부와 내가　　　　　　잠자게

8 A girl lets a cat and a dog swim .

한 소녀는 허락한다 한 고양이와 한 강아지가　　　　수영하게

9 A cat lets him and her sing .

한 고양이는 허락한다 그와 그녀가　　　　　　노래하게

10 A dog lets my mom and dad walk .

한 강아지는 허락한다 나의 엄마와 아빠가　　　　　　걷게

108

빈칸 채우기 ①

1 Dad lets   draw.

아빠는   허락한다   내가   그림 그리게

2 Mom lets   leave.

엄마는   허락한다   너가   떠나게

3 He lets   eat.

그는   허락한다   우리가   먹게

4 She lets   drink.

그녀는 허락한다   그들이   마시게

5 It lets   go.

그것은 허락한다   너희가   가게

6 Dooboo lets   play.

두부는   허락한다   너와 내가   놀게

7 A boy lets   sleep.

한 소년은   허락한다   두부와 내가   잠자게

8 A girl lets   swim.

한 소녀는   허락한다   한 고양이와 한 강아지가   수영하게

9 A cat lets   sing.

한 고양이는 허락한다   그와 그녀가   노래하게

10 A dog lets   walk.

한 강아지는 허락한다   나의 엄마와 아빠가   걷게

빈칸 채우기 ②

1 Dad lets   .

아빠는 허락한다   내가   그림 그리게

2 Mom lets   .

엄마는   허락한다 너가   떠나게

3 He lets   .

그는 허락한다 우리가   먹게

4 She lets   .

그녀는 허락한다   그들이   마시게

5 It lets   .

그것은 허락한다 너희가   가게

6 Dooboo lets   .

두부는   허락한다 너와 내가   놀게

7 A boy lets   .

한 소년은   허락한다   두부와 내가   잠자게

8 A girl lets   .

한 소녀는   허락한다   한 고양이와 한 강아지가   수영하게

9 A cat lets   .

한 고양이는 허락한다 그와 그녀가   노래하게

10 A dog lets   .

한 강아지는 허락한다   나의 엄마와 아빠가   걷게

빈칸 채우기 ③

1

아빠는 내가 그림 그리게 허락한다.

2

엄마는 너가 떠나게 허락한다.

3

그는 우리가 먹게 허락한다.

4

그녀는 그들이 마시게 허락한다.

5

그것은 너희가 가게 허락한다.

6

두부는 너와 내가 놀게 허락한다.

7

한 소년은 두부와 내가 잠자게 허락한다.

8

한 소녀는 한 고양이와 한 강아지가 수영하게 허락한다.

9

한 고양이는 그와 그녀가 노래하게 허락한다.

10

한 강아지는 나의 엄마와 아빠가 걷게 허락한다.

1 **Dad doesn't let** me draw .

아빠는 허락하지 않는다 내가 그림 그리게

2 **Mom doesn't let** you leave .

엄마는 허락하지 않는다 너가 떠나게

3 **He doesn't let** us eat .

그는 허락하지 않는다 우리가 먹게

4 **She doesn't let** them drink .

그녀는 허락하지 않는다 그들이 마시게

5 **It doesn't let** you go .

그것은 허락하지 않는다 너희가 가게

6 **Dooboo doesn't let** you and me play .

두부는 허락하지 않는다 너와 내가 놀게

7 **A boy doesn't let** Dooboo and me sleep .

한 소년은 허락하지 않는다 두부와 내가 잠자게

8 **A girl doesn't let** a cat and a dog swim .

한 소녀는 허락하지 않는다 한 고양이와 한 강아지가 수영하게

9 **A cat doesn't let** him and her sing .

한 고양이는 허락하지 않는다 그와 그녀가 노래하게

10 **A dog doesn't let** my mom and dad walk .

한 강아지는 허락하지 않는다 나의 엄마와 아빠가 걷게

1 Dad doesn't let 　　　　 draw.

　아빠는　허락하지 않는다　　　　내가　　　그림 그리게

2 Mom doesn't let 　　　　 leave.

　엄마는　허락하지 않는다　　　너가　　　떠나게

3 He doesn't let 　　　　 eat.

　그는　허락하지 않는다　　　우리가　　먹게

4 She doesn't let 　　　　 drink.

　그녀는　허락하지 않는다　　그들이　　마시게

5 It doesn't let 　　　　 go.

　그것은 허락하지 않는다　　너희가　　가게

6 Dooboo doesn't let 　　　　 play.

　두부는　　허락하지 않는다　　　　너와 내가　　　놀게

7 A boy doesn't let 　　　　 sleep.

　한 소년은　허락하지 않는다　　　　두부와 내가　　잠자게

8 A girl doesn't let 　　　　 swim.

　한 소녀는　허락하지 않는다　　한 고양이와 한 강아지가　수영하게

9 A cat doesn't let 　　　　 sing.

　한 고양이는 허락하지 않는다　　그와 그녀가　　노래하게

10 A dog doesn't let 　　　　 walk.

　한 강아지는 허락하지 않는다　　나의 엄마와 아빠가　걷게

빈칸 채우기 ②

1 Dad doesn't let ⬚⬚⬚⬚⬚ ⬚⬚⬚⬚⬚ .

아빠는   허락하지 않는다   내가   그림 그리게

2 Mom doesn't let ⬚⬚⬚⬚⬚ ⬚⬚⬚⬚⬚ .

엄마는   허락하지 않는다   너가   떠나게

3 He doesn't let ⬚⬚⬚⬚⬚ ⬚⬚⬚⬚⬚ .

그는 허락하지 않는다   우리가   먹게

4 She doesn't let ⬚⬚⬚⬚⬚ ⬚⬚⬚⬚⬚ .

그녀는 허락하지 않는다   그들이   마시게

5 It doesn't let ⬚⬚⬚⬚⬚ ⬚⬚⬚⬚⬚ .

그것은 허락하지 않는다   너희가   가게

6 Dooboo doesn't let ⬚⬚⬚⬚⬚ ⬚⬚⬚⬚⬚ .

두부는   허락하지 않는다   너와 내가   놀게

7 A boy doesn't let ⬚⬚⬚⬚⬚ ⬚⬚⬚⬚⬚ .

한 소년은   허락하지 않는다   두부와 내가   잠자게

8 A girl doesn't let ⬚⬚⬚⬚⬚ ⬚⬚⬚⬚⬚ .

한 소녀는 허락하지 않는다   한 고양이와 한 강아지가   수영하게

9 A cat doesn't let ⬚⬚⬚⬚⬚ ⬚⬚⬚⬚⬚ .

한 고양이는 허락하지 않는다   그와 그녀가   노래하게

10 A dog doesn't let ⬚⬚⬚⬚⬚ ⬚⬚⬚⬚⬚ .

한 강아지는 허락하지 않는다   나의 엄마와 아빠가   걷게

1

아빠는 내가 그림 그리게 허락하지 않는다.

2

엄마는 너가 떠나게 허락하지 않는다.

3

그는 우리가 먹게 허락하지 않는다.

4

그녀는 그들이 마시게 허락하지 않는다.

5

그것은 너희가 가게 허락하지 않는다.

6

두부는 너와 내가 놀게 허락하지 않는다.

7

한 소년은 두부와 내가 잠자게 허락하지 않는다.

8

한 소녀는 한 고양이와 한 강아지가 수영하게 허락하지 않는다.

9

한 고양이는 그와 그녀가 노래하게 허락하지 않는다.

10

한 강아지는 나의 엄마와 아빠가 걷게 허락하지 않는다.

unit 24   따라쓰기

1 **Does dad let** me draw **?**
아빠는   허락하니? 내가   그림 그리게

2 **Does mom let** you leave **?**
엄마는   허락하니? 너가   떠나게

3 **Does he let** us eat **?**
그는   허락하니? 우리가   먹게

4 **Does she let** them drink **?**
그녀는   허락하니? 그들이   마시게

5 **Does it let** you go **?**
그것은   허락하니? 너희가   가게

6 **Does Dooboo let** you and me play **?**
두부는   허락하니? 너와 내가   놀게

7 **Does a boy let** Dooboo and me sleep **?**
한 소년은   허락하니? 두부와 내가   잠자게

8 **Does a girl let** a cat and a dog swim **?**
한 소녀는   허락하니? 한 고양이와 한 강아지가   수영하게

9 **Does a cat let** him and her sing **?**
한 고양이는   허락하니? 그와 그녀가   노래하게

10 **Does a dog let** my mom and dad walk **?**
한 강아지는   허락하니? 나의 엄마와 아빠가   걷게

116

1 Does dad let   draw?

아빠는   허락하니?   내가   그림 그리게

2 Does mom let   leave?

엄마는   허락하니?   너가   떠나게

3 Does he let   eat?

그는   허락하니?   우리가   먹게

4 Does she let   drink?

그녀는   허락하니?   그들이   마시게

5 Does it let   go?

그것은   허락하니?   너희가   가게

6 Does Dooboo let   play?

두부는   허락하니?   너와 내가   놀게

7 Does a boy let   sleep?

한 소년은   허락하니?   두부와 내가   잠자게

8 Does a girl let   swim?

한 소녀는   허락하니?   한 고양이와 한 강아지가   수영하게

9 Does a cat let   sing?

한 고양이는   허락하니?   그와 그녀가   노래하게

10 Does a dog let   walk?

한 강아지는   허락하니?   나의 엄마와 아빠가   걷게

1 Does dad let ⬚⬚⬚ ⬚⬚⬚ ?

아빠는 　　　　 허락하니? 내가 　　　　 그림 그리게

2 Does mom let ⬚⬚⬚ ⬚⬚⬚ ?

엄마는 　　　　 허락하니? 너가 　　　　 떠나게

3 Does he let ⬚⬚⬚ ⬚⬚⬚ ?

그는 　　　　 허락하니? 우리가 　　　　 먹게

4 Does she let ⬚⬚⬚ ⬚⬚⬚ ?

그녀는 　　　　 허락하니? 그들이 　　　　 마시게

5 Does it let ⬚⬚⬚ ⬚⬚⬚ ?

그것은 　　　　 허락하니? 너희가 　　　　 가게

6 Does Dooboo let ⬚⬚⬚ ⬚⬚⬚ ?

두부는 　　　　 허락하니? 너와 내가 　　　　 놀게

7 Does a boy let ⬚⬚⬚ ⬚⬚⬚ ?

한 소년은 　　　　 허락하니? 두부와 내가 　　　　 잠자게

8 Does a girl let ⬚⬚⬚ ⬚⬚⬚ ?

한 소녀는 　　　　 허락하니? 한 고양이와 한 강아지가 　　　　 수영하게

9 Does a cat let ⬚⬚⬚ ⬚⬚⬚ ?

한 고양이는 　　　　 허락하니? 그와 그녀가 　　　　 노래하게

10 Does a dog let ⬚⬚⬚ ⬚⬚⬚ ?

한 강아지는 　　　　 허락하니? 나의 엄마와 아빠가 　　　　 걷게

1
아빠는 내가 그림 그리게 허락하니?

2
엄마는 너가 떠나게 허락하니?

3
그는 우리가 먹게 허락하니?

4
그녀는 그들이 마시게 허락하니?

5
그것은 너희가 가게 허락하니?

6
두부는 너와 내가 놀게 허락하니?

7
한 소년은 두부와 내가 잠자게 허락하니?

8
한 소녀는 한 고양이와 한 강아지가 수영하게 허락하니?

9
한 고양이는 그와 그녀가 노래하게 허락하니?

10
한 강아지는 나의 엄마와 아빠가 걷게 허락하니?

다음 한글에 맞는 영어문장을 적으시오.

1 나는 아빠가 그림 그리게 허락한다. ....

2 그들은 그녀가 마시게 허락한다. ....

3 너와 나는 두부가 놀게 허락한다. ....

4 나의 엄마와 아빠는 한 강아지가 걷게 허락한다. ....

5 너는 엄마가 떠나게 허락하지 않는다. ....

6 너희는 그것이 가게 허락하지 않는다. ....

7 두부와 나는 한 소년이 잠자게 허락하지 않는다. ....

8 우리는 그가 먹게 허락하니? ....

9 두부와 나는 한 소년이 잠자게 허락하니? ....

10 나의 엄마와 아빠는 한 강아지가 걷게 허락하니? ....

11 한 고양이와 한 강아지는 한 소녀가 수영하게 허락하니? ....

12 한 소년은 두부와 내가 잠자게 허락한다. ....

13 한 소녀는 한 고양이와 한 강아지가 수영하게 허락한다. ....

14 엄마는 너가 떠나게 허락하지 않는다. ....

15 그녀는 그들이 마시게 허락하지 않는다. ....

16 그것은 너희가 가게 허락하지 않는다. ....

17 아빠는 내가 그림 그리게 허락하니? ....

18 엄마는 너가 떠나게 허락하니? ....

19 그녀는 그들이 마시게 허락하니? ....

20 한 고양이는 그와 그녀가 노래하게 허락하니? ....

다음 영어에 맞는 한글문장을 적으시오.

1   I let dad draw.

2   They let her drink.

3   You and I let Dooboo play.

4   My mom and dad let a dog walk.

5   You don't let mom leave.

6   You don't let it go.

7   Dooboo and I don't let a boy sleep.

8   Do we let him eat?

9   Do Dooboo and I let a boy sleep?

10   Do my mom and dad let a dog walk?

11   Do a cat and a dog let a girl swim?

12   A boy lets Dooboo and me sleep.

13   A girl lets a cat and a dog swim.

14   Mom doesn't let you leave.

15   She doesn't let them drink.

16   It doesn't let you go.

17   Does dad let me draw?

18   Does mom let you leave?

19   Does she let them drink?

20   Does a cat let him and her sing?

I 나   you 너   we 우리   they 그들

Dooboo 두부(이름)   cat 고양이   dog 강아지

he 그   she 그녀   dad 아빠   mom 엄마

it 그것   boy 소년   girl 소녀

Chapter 5 단어 체크

☑ sing 노래하다   ☐ dance 춤추다

☐ go 가다   ☐ cook 요리하다

☐ stomp 발을 구르다   ☐ fly 날다

☐ hop 총총 뛰다   ☐ swing 그네 타다

☐ get up 일어나다   ☐ check 체크하다

want 원하다

	주어	동사	목적어	목적격 보어(to 부정사)
긍정문	I	want	**+ 명사** (dad, mom, him, her, a boy, a girl...etc.)	**+ to 부정사** (to cook, to draw, to check, to hop, to fly, to sing, to get up...etc.)
	You	want		
	He	wants		
	It	wants		
부정문	I	don't want	**+ 명사** (dad, mom, him, her, a boy, a girl...etc.)	**+ to 부정사** (to cook, to draw, to check, to hop, to fly, to sing, to get up...etc.)
	You	don't want		
	He	doesn't want		
	It	doesn't want		
의문문	I	Do I want~?	**+ 명사** (dad, mom, him, her, a boy, a girl...etc.)	**+ to 부정사** (to cook, to draw, to check, to hop, to fly, to sing, to get up...etc.)
	You	Do you want~?		
	He	Does he want~?		
	It	Does it want~?		

따라쓰기

1 I want dad to dance .

나는 원한다   아빠가   춤추기를

2 You want mom to sing .

너는 원한다   엄마가   노래하기를

3 We want him to cook .

우리는 원한다   그가   요리하기를

4 They want her to go .

그들은 원한다   그녀가   가기를

5 You want it to fly .

너희는 원한다   그것이   날기를

6 You and I want Dooboo to stomp .

너와 나는   원한다   두부가   발구르기를

7 Dooboo and I want a boy to swing .

두부와 나는   원한다   한 소년이   그네타기를

8 A cat and a dog want a girl to hop .

한 고양이와 한 강아지는   원한다   한 소녀가   총총뛰기를

9 He and she want a cat to check .

그와 그녀는   원한다   한 고양이가   체크하기를

10 My mom and dad want a dog to get up .

나의 엄마와 아빠는   원한다   한 강아지가   일어나기를

1 I want   to dance.

나는 원한다   아빠가   춤추기를

2 You want   to sing.

너는   원한다   엄마가   노래하기를

3 We want   to cook.

우리는 원한다   그가   요리하기를

4 They want   to go.

그들은 원한다   그녀가   가기를

5 You want   to fly.

너희는 원한다   그것이   날기를

6 You and I want   to stomp.

너와 나는   원한다   두부가   발구르기를

7 Dooboo and I want   to swing.

두부와 나는   원한다   한 소년이   그네타기를

8 A cat and a dog want   to hop.

한 고양이와 한 강아지는   원한다   한 소녀가   총총뛰기를

9 He and she want   to check.

그와 그녀는   원한다   한 고양이가   체크하기를

10 My mom and dad want   to get up.

나의 엄마와 아빠는   원한다   한 강아지가   일어나기를

빈칸 채우기 ②

1 I want ⬚ ⬚ .

나는 원한다　아빠가　　　　춤추기를

2 You want ⬚ ⬚ .

너는　원한다　엄마가　　　노래하기를

3 We want ⬚ ⬚ .

우리는 원한다　그가　　　요리하기를

4 They want ⬚ ⬚ .

그들은　원한다　그녀가　　　가기를

5 You want ⬚ ⬚ .

너희는 원한다　그것이　　　날기를

6 You and I want ⬚ ⬚ .

너와 나는　　원한다　두부가　　　발구르기를

7 Dooboo and I want ⬚ ⬚ .

두부와 나는　　　원한다　한 소년이　　　그네타기를

8 A cat and a dog want ⬚ ⬚ .

한 고양이와 한 강아지는　원한다　한 소녀가　　총총뛰기를

9 He and she want ⬚ ⬚ .

그와 그녀는　원한다　한 고양이가　　체크하기를

10 My mom and dad want ⬚ .

나의 엄마와 아빠는　　원한다　한 강아지가　　일어나기를

빈칸 채우기 ③

1

나는 아빠가 춤추기를 원한다.

2

너는 엄마가 노래하기를 원한다.

3

우리는 그가 요리하기를 원한다.

4

그들은 그녀가 가기를 원한다.

5

너희는 그것이 날기를 원한다.

6

너와 나는 두부가 발구르기를 원한다.

7

두부와 나는 한 소년이 그네타기를 원한다.

8

한 고양이와 한 강아지는 한 소녀가 총총뛰기를 원한다.

9

그와 그녀는 한 고양이가 체크하기를 원한다.

10

나의 엄마와 아빠는 한 강아지가 일어나기를 원한다.

따라쓰기

1 I don't want dad to dance .

나는 원하지 않는다　　아빠가　　　　춤추기를

2 You don't want mom to sing .

너는　원하지 않는다　　엄마가　　　　노래하기를

3 We don't want him to cook .

우리는 원하지 않는다　　그가　　　　요리하기를

4 They don't want her to go .

그들은　원하지 않는다　　그녀가　　　　가기를

5 You don't want it to fly .

너희는 원하지 않는다　　그것이　　　날기를

6 You and I don't want Dooboo to stomp .

너와 나는　　원하지 않는다　　두부가　　　　발구르기를

7 Dooboo and I don't want a boy to swing .

두부와 나는　　　원하지 않는다　　한 소년이　　그네타기를

8 A cat and a dog don't want a girl to hop .

한 고양이와 한 강아지는　　원하지 않는다　　한 소녀가　　총총뛰기를

9 He and she don't want a cat to check .

그와 그녀는　　원하지 않는다　　한 고양이가　　체크하기를

10 My mom and dad don't want a dog to get up .

나의 엄마와 아빠는　　원하지 않는다　　한 강아지가　　일어나기를

1 I don't want _____ to dance.

나는 원하지 않는다   아빠가   춤추기를

2 You don't want _____ to sing.

너는   원하지 않는다   엄마가   노래하기를

3 We don't want _____ to cook.

우리는 원하지 않는다   그가   요리하기를

4 They don't want _____ to go.

그들은   원하지 않는다   그녀가   가기를

5 You don't want _____ to fly.

너희는 원하지 않는다   그것이   날기를

6 You and I don't want _____ to stomp.

너와 나는   원하지 않는다   두부가   발구르기를

7 Dooboo and I don't want _____ to swing.

두부와 나는   원하지 않는다   한 소년이   그네타기를

8 A cat and a dog don't want _____ to hop.

한 고양이와 한 강아지는   원하지 않는다   한 소녀가   총총뛰기를

9 He and she don't want _____ to check.

그와 그녀는   원하지 않는다   한 고양이가   체크하기를

10 My mom and dad don't want _____ to get up.

나의 엄마와 아빠는   원하지 않는다   한 강아지가   일어나기를

빈칸 채우기 ②

1 I don't want ⬚⬚⬚⬚⬚⬚ ⬚⬚⬚⬚⬚⬚ .

나는 원하지 않는다　　아빠가　　　　　　춤추기를

2 You don't want ⬚⬚⬚⬚⬚⬚ ⬚⬚⬚⬚⬚⬚ .

너는　원하지 않는다　　　엄마가　　　　　노래하기를

3 We don't want ⬚⬚⬚⬚⬚⬚ ⬚⬚⬚⬚⬚⬚ .

우리는 원하지 않는다　　　그가　　　　　　요리하기를

4 They don't want ⬚⬚⬚⬚⬚⬚ ⬚⬚⬚⬚⬚⬚ .

그들은　원하지 않는다　　　그녀가　　　　　가기를

5 You don't want ⬚⬚⬚⬚⬚⬚ ⬚⬚⬚⬚⬚⬚ .

너희는　원하지 않는다　　　그것이　　　　　날기를

6 You and I don't want ⬚⬚⬚⬚⬚⬚ ⬚⬚⬚⬚⬚⬚ .

너와 나는　　원하지 않는다　　　두부가　　　발구르기를

7 Dooboo and I don't want ⬚⬚⬚⬚⬚⬚ ⬚⬚⬚⬚⬚⬚ .

두부와 나는　　　원하지 않는다　　한 소년이　　그네타기를

8 A cat and a dog don't want ⬚⬚⬚⬚⬚⬚ ⬚⬚⬚⬚⬚⬚ .

한 고양이와 한 강아지는　　원하지 않는다　　한 소녀가　　총총뛰기를

9 He and she don't want ⬚⬚⬚⬚⬚⬚ ⬚⬚⬚⬚⬚⬚ .

그와 그녀는　　원하지 않는다　　한 고양이가　　체크하기를

10 My mom and dad don't want ⬚⬚⬚⬚⬚⬚ ⬚⬚⬚⬚⬚⬚ .

나의 엄마와 아빠는　　원하지 않는다　　한 강아지가　　일어나기를

1

나는 아빠가 춤추기를 원하지 않는다.

2

너는 엄마가 노래하기를 원하지 않는다.

3

우리는 그가 요리하기를 원하지 않는다.

4

그들은 그녀가 가기를 원하지 않는다.

5

너희는 그것이 날기를 원하지 않는다.

6

너와 나는 두부가 발구르기를 원하지 않는다.

7

두부와 나는 한 소년이 그네타기를 원하지 않는다.

8

한 고양이와 한 강아지는 한 소녀가 총총뛰기를 원하지 않는다.

9

그와 그녀는 한 고양이가 체크하기를 원하지 않는다.

10

나의 엄마와 아빠는 한 강아지가 일어나기를 원하지 않는다.

따라쓰기

1 Do I want dad to dance **?**
나는 원하니? 아빠가 춤추기를

2 Do you want mom to sing **?**
너는 원하니? 엄마가 노래하기를

3 Do we want him to cook **?**
우리는 원하니? 그가 요리하기를

4 Do they want her to go **?**
그들은 원하니? 그녀가 가기를

5 Do you want it to fly **?**
너희는 원하니? 그것이 날기를

6 Do you and I want Dooboo to stomp **?**
너와 나는 원하니? 두부가 발구르기를

7 Do Dooboo and I want a boy to swing **?**
두부와 나는 원하니? 한 소년이 그네타기를

8 Do a cat and a dog want a girl to hop **?**
한 고양이와 한 강아지는 원하니? 한 소녀가 총총뛰기를

9 Do he and she want a cat to check **?**
그와 그녀는 원하니? 한 고양이가 체크하기를

10 Do my mom and dad want a dog to get up **?**
나의 엄마와 아빠는 원하니? 한 강아지가 일어나기를

1 Do I want _____ to dance?

나는　원하니?　아빠가　춤추기를

2 Do you want _____ to sing?

너는　원하니?　엄마가　노래하기를

3 Do we want _____ to cook?

우리는　원하니?　그가　요리하기를

4 Do they want _____ to go?

그들은　원하니?　그녀가　가기를

5 Do you want _____ to fly?

너희는　원하니?　그것이　날기를

6 Do you and I want _____ to stomp?

너와 나는　원하니?　두부가　발구르기를

7 Do Dooboo and I want _____ to swing?

두부와 나는　원하니?　한 소년이　그네타기를

8 Do a cat and a dog want _____ to hop?

한 고양이와 한 강아지는　원하니?　한 소녀가　총총뛰기를

9 Do he and she want _____ to check?

그와 그녀는　원하니?　한 고양이가　체크하기를

10 Do my mom and dad want _____ to get up?

나의 엄마와 아빠는　원하니?　한 강아지가　일어나기를

unit
27

빈칸 채우기 ②

1 Do I want ⬚⬚⬚ ⬚⬚⬚ ?

나는　원하니?　아빠가　　　춤추기를

2 Do you want ⬚⬚⬚ ⬚⬚⬚ ?

너는　　원하니?　엄마가　　　노래하기를

3 Do we want ⬚⬚⬚ ⬚⬚⬚ ?

우리는　원하니?　그가　　　요리하기를

4 Do they want ⬚⬚⬚ ⬚⬚⬚ ?

그들은　　원하니?　그녀가　　　가기를

5 Do you want ⬚⬚⬚ ⬚⬚⬚ ?

너희는　　원하니?　그것이　　　날기를

6 Do you and I want ⬚⬚⬚ ⬚⬚⬚ ?

너와 나는　　　원하니?　두부가　　　발구르기를

7 Do Dooboo and I want ⬚⬚⬚ ⬚⬚⬚ ?

두부와 나는　　　원하니?　한 소년이　　　그네타기를

8 Do a cat and a dog want ⬚⬚⬚ ⬚⬚⬚ ?

한 고양이와 한 강아지는　　　원하니?　한 소녀가　　　총총뛰기를

9 Do he and she want ⬚⬚⬚ ⬚⬚⬚ ?

그와 그녀는　　　원하니?　한 고양이가　　　체크하기를

10 Do my mom and dad want ⬚⬚⬚ ⬚⬚⬚ ?

나의 엄마와 아빠는　　　원하니?　한 강아지가　　　일어나기를

빈칸 채우기 ③

1

나는 아빠가 춤추기를 원하니?

2

너는 엄마가 노래하기를 원하니?

3

우리는 그가 요리하기를 원하니?

4

그들은 그녀가 가기를 원하니?

5

너희는 그것이 날기를 원하니?

6

너와 나는 두부가 발구르기를 원하니?

unit
27

7

두부와 나는 한 소년이 그네타기를 원하니?

8

한 고양이와 한 강아지는 한 소녀가 총총뛰기를 원하니?

9

그와 그녀는 한 고양이가 체크하기를 원하니?

10

나의 엄마와 아빠는 한 강아지가 일어나기를 원하니?

따라쓰기

1 Dad wants me to dance .

아빠는 원한다   내가   춤추기를

2 Mom wants you to sing .

엄마는 원한다   너가   노래하기를

3 He wants us to cook .

그는 원한다   우리가   요리하기를

4 She wants them to go .

그녀는 원한다   그들이   가기를

5 It wants you to fly .

그것은 원한다 너희가   날기를

6 Dooboo wants you and me to stomp .

두부는   원한다   너와 내가   발구르기를

7 A boy wants Dooboo and me to swing .

한 소년은 원한다   두부와 내가   그네타기를

8 A girl wants a cat and a dog to hop .

한 소녀는 원한다   한 고양이와 한 강아지가   총총뛰기를

9 A cat wants him and her to check .

한 고양이는 원한다   그와 그녀가   체크하기를

10 A dog wants my mom and dad to get up .

한 강아지는 원한다   나의 엄마와 아빠가   일어나기를

빈칸 채우기 ①

1 Dad wants _____ to dance.

아빠는 원한다   내가   춤추기를

2 Mom wants _____ to sing.

엄마는 원한다   너가   노래하기를

3 He wants ____ to cook.

그는 원한다   우리가   요리하기를

4 She wants _____ to go.

그녀는 원한다   그들이   가기를

5 It wants _____ to fly.

그것은 원한다   너희가   날기를

6 Dooboo wants _____ to stomp.

두부는   원한다   너와 내가   발구르기를

7 A boy wants _____ to swing.

한 소년은   원한다   두부와 내가   그네타기를

8 A girl wants _____ to hop.

한 소녀는   원한다   한 고양이와 한 강아지가   총총뛰기를

9 A cat wants _____ to check.

한 고양이는 원한다   그와 그녀가   체크하기를

10 A dog wants _____ to get up.

한 강아지는 원한다   나의 엄마와 아빠가   일어나기를

빈칸 채우기 ②

1 **Dad wants** ⬚⬚⬚⬚⬚⬚ ⬚⬚⬚⬚⬚⬚ .

아빠는 원한다   내가   춤추기를

2 **Mom wants** ⬚⬚⬚⬚⬚⬚ ⬚⬚⬚⬚⬚⬚ .

엄마는 원한다   너가   노래하기를

3 **He wants** ⬚⬚⬚⬚⬚⬚ ⬚⬚⬚⬚⬚⬚ .

그는 원한다   우리가   요리하기를

4 **She wants** ⬚⬚⬚⬚⬚⬚ ⬚⬚⬚⬚⬚⬚ .

그녀는 원한다   그들이   가기를

5 **It wants** ⬚⬚⬚⬚⬚⬚ ⬚⬚⬚⬚⬚⬚ .

그것은 원한다   너희가   날기를

6 **Dooboo wants** ⬚⬚⬚⬚⬚⬚ ⬚⬚⬚⬚⬚⬚ .

두부는   원한다   너와 내가   발구르기를

7 **A boy wants** ⬚⬚⬚⬚⬚⬚ ⬚⬚⬚⬚⬚⬚ .

한 소년은 원한다   두부와 내가   그네타기를

8 **A girl wants** ⬚⬚⬚⬚⬚⬚ ⬚⬚⬚⬚⬚⬚ .

한 소녀는 원한다   한 고양이와 한 강아지가   총총뛰기를

9 **A cat wants** ⬚⬚⬚⬚⬚⬚ ⬚⬚⬚⬚⬚⬚ .

한 고양이는 원한다   그와 그녀가   체크하기를

10 **A dog wants** ⬚⬚⬚⬚⬚⬚ ⬚⬚⬚⬚⬚⬚ .

한 강아지는 원한다   나의 엄마와 아빠가   일어나기를

빈칸 채우기 ③

1

아빠는 내가 춤추기를 원한다.

2

엄마는 너가 노래하기를 원한다.

3

그는 우리가 요리하기를 원한다.

4

그녀는 그들이 가기를 원한다.

5

그것은 너희가 날기를 원한다.

6

두부는 너와 내가 발구르기를 원한다.

7

한 소년은 두부와 내가 그네타기를 원한다.

8

한 소녀는 한 고양이와 한 강아지가 총총뛰기를 원한다.

9

한 고양이는 그와 그녀가 체크하기를 원한다.

10

한 강아지는 나의 엄마와 아빠가 일어나기를 원한다.

따라쓰기

1 **Dad doesn't want** me to dance .

아빠는 원하지 않는다 내가 춤추기를

2 **Mom doesn't want** you to sing .

엄마는 원하지 않는다 너가 노래하기를

3 **He doesn't want** us to cook .

그는 원하지 않는다 우리가 요리하기를

4 **She doesn't want** them to go .

그녀는 원하지 않는다 그들이 가기를

5 **It doesn't want** you to fly .

그것은 원하지 않는다 너희가 날기를

6 **Dooboo doesn't want** you and me to stomp .

두부는 원하지 않는다 너와 내가 발구르기를

7 **A boy doesn't want** Dooboo and me to swing .

한 소년은 원하지 않는다 두부와 내가 그네타기를

8 **A girl doesn't want** a cat and a dog to hop .

한 소녀는 원하지 않는다 한 고양이와 한 강아지가 총총뛰기를

9 **A cat doesn't want** him and her to check .

한 고양이는 원하지 않는다 그와 그녀가 체크하기를

10 **A dog doesn't want** my mom and dad to get up .

한 강아지는 원하지 않는다 나의 엄마와 아빠가 일어나기를

1 Dad doesn't want _____ to dance.

아빠는 원하지 않는다   내가   춤추기를

2 Mom doesn't want _____ to sing.

엄마는 원하지 않는다   너가   노래하기를

3 He doesn't want _____ to cook.

그는 원하지 않는다   우리가   요리하기를

4 She doesn't want _____ to go.

그녀는 원하지 않는다   그들이   가기를

5 It doesn't want _____ to fly.

그것은 원하지 않는다   너희가   날기를

6 Dooboo doesn't want _____ to stomp.

두부는   원하지 않는다   너와 내가   발구르기를

7 A boy doesn't want _____ to swing.

한 소년은 원하지 않는다   두부와 내가   그네타기를

8 A girl doesn't want _____ to hop.

한 소녀는 원하지 않는다   한 고양이와 한 강아지가   총총뛰기를

9 A cat doesn't want _____ to check.

한 고양이는 원하지 않는다   그와 그녀가   체크하기를

10 A dog doesn't want _____ to get up.

한 강아지는 원하지 않는다   나의 엄마와 아빠가   일어나기를

1 Dad doesn't want ⬜⬜ ⬜⬜ .

아빠는 원하지 않는다   내가   춤추기를

2 Mom doesn't want ⬜⬜ ⬜⬜ .

엄마는   원하지 않는다   너가   노래하기를

3 He doesn't want ⬜⬜ ⬜⬜ .

그는 원하지 않는다   우리가   요리하기를

4 She doesn't want ⬜⬜ ⬜⬜ .

그녀는 원하지 않는다   그들이   가기를

5 It doesn't want ⬜⬜ ⬜⬜ .

그것은 원하지 않는다   너희가   날기를

6 Dooboo doesn't want ⬜⬜ ⬜⬜ .

두부는   원하지 않는다   너와 내가   발구르기를

7 A boy doesn't want ⬜⬜ ⬜⬜ .

한 소년은   원하지 않는다   두부와 내가   그네타기를

8 A girl doesn't want ⬜⬜ ⬜⬜ .

한 소녀는   원하지 않는다   한 고양이와 한 강아지가 총총뛰기를

9 A cat doesn't want ⬜⬜ ⬜⬜ .

한 고양이는 원하지 않는다   그와 그녀가   체크하기를

10 A dog doesn't want ⬜⬜ ⬜⬜ .

한 강아지는 원하지 않는다   나의 엄마와 아빠가   일어나기를

빈칸 채우기 ③

1

아빠는 내가 춤추기를 원하지 않는다.

2

엄마는 너가 노래하기를 원하지 않는다.

3

그는 우리가 요리하기를 원하지 않는다.

4

그녀는 그들이 가기를 원하지 않는다.

5

그것은 너희가 날기를 원하지 않는다.

6

두부는 너와 내가 발구르기를 원하지 않는다.

7

한 소년은 두부와 내가 그네타기를 원하지 않는다.

8

한 소녀는 한 고양이와 한 강아지가 총총뛰기를 원하지 않는다.

9

한 고양이는 그와 그녀가 체크하기를 원하지 않는다.

10

한 강아지는 나의 엄마와 아빠가 일어나기를 원하지 않는다.

따라쓰기

1 Does dad want me to dance ?

아빠는 　 원하니? 　 내가 　 춤추기를

2 Does mom want you to sing ?

엄마는 　 원하니? 　 너가 　 노래하기를

3 Does he want us to cook ?

그는 　 원하니? 　 우리가 　 요리하기를

4 Does she want them to go ?

그녀는 　 원하니? 　 그들이 　 가기를

5 Does it want you to fly ?

그것은 　 원하니? 　 너희가 　 날기를

6 Does Dooboo want you and me to stomp ?

두부는 　 원하니? 　 너와 내가 　 발구르기를

7 Does a boy want Dooboo and me to swing ?

한 소년은 　 원하니? 　 두부와 내가 　 그네타기를

8 Does a girl want a cat and a dog to hop ?

한 소녀는 　 원하니? 　 한 고양이와 한 강아지가 　 총총뛰기를

9 Does a cat want him and her to check ?

한 고양이는 　 원하니? 　 그와 그녀가 　 체크하기를

10 Does a dog want my mom and dad to get up ?

한 강아지는 　 원하니? 　 나의 엄마와 아빠가 　 일어나기를

1 Does dad want ____ to dance?

　아빠는　　　원하니?　　　내가　　　춤추기를

2 Does mom want ____ to sing?

　엄마는　　　원하니?　　　너가　　　노래하기를

3 Does he want ____ to cook?

　그는　　원하니?　　　우리가　　　요리하기를

4 Does she want ____ to go?

　그녀는　　　원하니?　　　그들이　　　가기를

5 Does it want ____ to fly?

　그것은　　원하니?　　　너희가　　　날기를

6 Does Dooboo want ____ to stomp?

　두부는　　　　원하니?　　　너와 내가　　　발구르기를

7 Does a boy want ____ to swing?

　한 소년은　　　원하니?　　　두부와 내가　　　그네타기를

8 Does a girl want ____ to hop?

　한 소녀는　　　원하니?　　한 고양이와 한 강아지가　　　총총뛰기를

9 Does a cat want ____ to check?

　한 고양이는　　　원하니?　　　그와 그녀가　　　체크하기를

10 Does a dog want ____ to get up?

　한 강아지는　　　원하니?　　　나의 엄마와 아빠가　　　일어나기를

빈칸 채우기 ②

1 Does dad want ⬚⬚⬚ ⬚⬚⬚ **?**

아빠는 　　　 원하니?　　 내가　　　　　　　　　 춤추기를

2 Does mom want ⬚⬚⬚ ⬚⬚⬚ **?**

엄마는 　　　 원하니?　　 너가　　　　　　　　　 노래하기를

3 Does he want ⬚⬚⬚ ⬚⬚⬚ **?**

그는 　　　 원하니?　　 우리가　　　　　　　　 요리하기를

4 Does she want ⬚⬚⬚ ⬚⬚⬚ **?**

그녀는 　　　 원하니?　　 그들이　　　　　　　　 가기를

5 Does it want ⬚⬚⬚ ⬚⬚⬚ **?**

그것은 　　　 원하니?　　 너희가　　　　　　　　 날기를

6 Does Dooboo want ⬚⬚⬚ ⬚⬚⬚ **?**

두부는 　　　 원하니?　　 너와 내가　　　　　　　 발구르기를

7 Does a boy want ⬚⬚⬚ ⬚⬚⬚ **?**

한 소년은 　　　 원하니?　　 두부와 내가　　　　　　 그네타기를

8 Does a girl want ⬚⬚⬚ ⬚⬚⬚ **?**

한 소녀는 　　　 원하니?　　 한 고양이와 한 강아지가　 총총뛰기를

9 Does a cat want ⬚⬚⬚ ⬚⬚⬚ **?**

한 고양이는 　　　 원하니?　　 그와 그녀가　　　　　　 체크하기를

10 Does a dog want ⬚⬚⬚ ⬚⬚⬚ **?**

한 강아지는 　　　 원하니?　　 나의 엄마와 아빠가　　　 일어나기를

빈칸 채우기 ③

1

아빠는 내가 춤추기를 원하니?

2

엄마는 너가 노래하기를 원하니?

3

그는 우리가 요리하기를 원하니?

4

그녀는 그들이 가기를 원하니?

5

그것은 너희가 날기를 원하니?

6

두부는 너와 내가 발구르기를 원하니?

7

한 소년은 두부와 내가 그네타기를 원하니?

8

한 소녀는 한 고양이와 한 강아지가 총총뛰기를 원하니?

9

한 고양이는 그와 그녀가 체크하기를 원하니?

10

한 강아지는 나의 엄마와 아빠가 일어나기를 원하니?

다음 한글에 맞는 영어문장을 적으시오.

1   나는 아빠가 춤추기를 원한다.

2   우리는 그가 요리하기를 원한다.

3   너희는 그것이 날기를 원한다.

4   너와 나는 두부가 발구르기를 원한다.

5   한 고양이와 한 강아지는 한 소녀가 총총뛰기를 원한다.

6   그와 그녀는 한 고양이가 체크하기를 원한다.

7   그들은 그녀가 가기를 원하지 않는다.

8   너와 나는 두부가 발구르기를 원하지 않는다.

9   두부와 나는 한 소년이 그네타기를 원하지 않는다.

10   나의 엄마와 아빠는 한 강아지가 일어나기를 원하지 않는다.

11   나는 아빠가 춤추기를 원하니?

12   우리는 그가 요리하기를 원하니?

13   한 고양이와 한 강아지는 한 소녀가 총총뛰기를 원하니?

14   엄마는 너가 노래하기를 원한다.

15   그것은 너희가 날기를 원한다.

16   그것은 너희가 날기를 원하지 않는다.

17   한 소녀는 한 고양이와 한 강아지가 총총뛰기를 원하지 않는다.

18   그것은 너희가 날기를 원하니?

19   한 소년은 두부와 내가 그네타기를 원하니?

20   한 강아지는 나의 엄마와 아빠가 일어나기를 원하니?

다음 영어에 맞는 한글문장을 적으시오.

1   I want dad to dance.

2   We want him to cook.

3   You want it to fly.

4   You and I want Dooboo to stomp.

5   A cat and a dog want a girl to hop.

6   He and she want a cat to check.

7   They don't want her to go.

8   You and I don't want Dooboo to stomp.

9   Dooboo and I don't want a boy to swing.

10   My mom and dad don't want a dog to get up.

11   Do I want dad to dance?

12   Do we want him to cook?

13   Do a cat and a dog want a girl to hop?

14   Mom wants you to sing.

15   It wants you to fly.

16   It doesn't want you to fly.

17   A girl doesn't want a cat and a dog to hop.

18   Does it want you to fly?

19   Does a boy want Dooboo and me to swing?

20   Does a dog want my mom and dad to get up?

다음 한글에 맞는 영어문장을 적으시오.

1 나는 아빠를 슈퍼맨이라고 부른다.

2 우리는 그를 왕자라고 부르지 않는다.

3 두부와 나는 한 소년을 왕이라고 부르지 않는다.

4 두부와 나는 한 소년을 왕이라고 부르니?

5 그것은 너희를 아기라고 부르지 않는다.

6 한 소년은 두부와 나를 왕들이라고 부르니?

7 너희는 그것이 짖고 있는 것을 보니?

8 한 강아지는 나의 엄마와 아빠를 귀염둥이들이라고 부르니?

9 나는 아빠가 자고 있는 것을 본다.

10 두부와 나는 한 소년이 박수치고 있는 것을 본다.

11 너희는 그것을 작게 만들지 않는다.

12 그는 우리를 어리게 만들지 않는다.

13 그와 그녀는 한 고양이를 뚱뚱하게 만들지 않는다.

14 나는 아빠를 배고프게 만드니?

15 엄마는 너를 화나게 만들지 않는다.

16 엄마는 너를 화나게 만드니?

17 그녀는 그들을 피곤하게 만드니?

18 한 강아지는 나의 엄마와 아빠가 울고 있는 것을 보지 않는다.

19 한 소년은 두부와 내가 박수치고 있는 것을 보지 않는다.

20 엄마는 너가 춤추고 있는 것을 본다.

다음 영어에 맞는 한글문장을 적으시오.

1   I call dad a superman.

2   We don't call him a prince.

3   Dooboo and I don't call a boy a king.

4   Do Dooboo and I call a boy a king?

5   It doesn't call you a baby.

6   Does a boy call Dooboo and me kings?

7   Do you see it barking?

8   Does a dog call my mom and dad sweethearts?

9   I see dad sleeping.

10   Dooboo and I see a boy clapping.

11   You don't make it small.

12   He doesn't make us young.

13   He and she don't make a cat fat.

14   Do I make dad hungry?

15   Mom doesn't make you angry.

16   Does mom make you angry?

17   Does she make them tired?

18   A dog doesn't see my mom and dad crying.

19   A boy doesn't see Dooboo and me clapping.

20   Mom sees you dancing.

다음 한글에 맞는 영어문장을 적으시오.

1   한 고양이는 그와 그녀가 오고 있는 것을 본다.

2   그는 우리가 걷고 있는 것을 보지 않는다.

3   한 소녀는 한 고양이와 한 강아지가 뛰고 있는 것을 보니?

4   한 강아지는 나의 엄마와 아빠가 울고 있는 것을 보니?

5   우리는 그가 먹게 허락하니?

6   두부와 나는 한 소년이 잠자게 허락하니?

7   그녀는 그들이 마시게 허락하지 않는다.

8   그것은 너희가 가게 허락하지 않는다.

9   그녀는 그들이 마시게 허락하니?

10   한 고양이는 그와 그녀가 노래하게 허락하니?

11   그와 그녀는 한 고양이가 체크하기를 원한다.

12   우리는 그가 요리하기를 원하니?

13   한 고양이와 한 강아지는 한 소녀가 총총뛰기를 원하니?

14   엄마는 너가 노래하기를 원한다.

15   그것은 너희가 날기를 원한다.

16   그것은 너희가 날기를 원하지 않는다.

17   한 소녀는 한 고양이와 한 강아지가 총총뛰기를 원하지 않는다.

18   그것은 너희가 날기를 원하니?

19   한 소년은 두부와 내가 그네타기를 원하니?

20   한 강아지는 나의 엄마와 아빠가 일어나기를 원하니?

다음 영어에 맞는 한글문장을 적으시오.

1   A cat sees him and her coming.

2   He doesn't see us walking.

3   Does a girl see a cat and a dog jumping?

4   Does a dog see my mom and dad crying?

5   Do we let him eat?

6   Do Dooboo and I let a boy sleep?

7   She doesn't let them drink.

8   It doesn't let you go.

9   Does she let them drink?

10   Does a cat let him and her sing?

11   He and she want a cat to check.

12   Do we want him to cook?

13   Do a cat and a dog want a girl to hop?

14   Mom wants you to sing.

15   It wants you to fly.

16   It doesn't want you to fly.

17   A girl doesn't want a cat and a dog to hop.

18   Does it want you to fly?

19   Does a boy want Dooboo and me to swing?

20   Does a dog want my mom and dad to get up?

review 1-6

1	나는 아빠를 슈퍼맨이라고 부른다.	I call dad a superman.
2	우리는 그를 왕자라고 부른다.	We call him a prince.
3	너희는 그것을 아기라고 부른다.	You call it a baby.
4	두부와 나는 한 소년을 왕이라고 부른다.	Dooboo and I call a boy a king.
5	나는 아빠를 슈퍼맨이라고 부르지 않는다.	I don't call dad a superman.
6	우리는 그를 왕자라고 부르지 않는다.	We don't call him a prince.
7	너희는 그것을 아기라고 부르지 않는다.	You don't call it a baby.
8	두부와 나는 한 소년을 왕이라고 부르지 않는다.	Dooboo and I don't call a boy a king.
9	나는 아빠를 슈퍼맨이라고 부르니?	Do I call dad a superman?
10	우리는 그를 왕자라고 부르니?	Do we call him a prince?
11	너희는 그것을 아기라고 부르니?	Do you call it a baby?
12	두부와 나는 한 소년을 왕이라고 부르니?	Do Dooboo and I call a boy a king?
13	그것은 너희를 아기들이라고 부른다.	It calls you babies.
14	한 소년은 두부와 나를 왕들이라고 부른다.	A boy calls Dooboo and me kings.
15	한 고양이는 그와 그녀를 스위티라고 부른다.	A cat calls him and her sweeties.
16	그것을 너희를 아기들이라고 부르지 않는다.	It doesn't call you babies.
17	한 소년은 두부와 나를 왕들이라고 부르지 않는다.	A boy doesn't call Dooboo and me kings.
18	한 고양이는 그와 그녀를 스위티라고 부르지 않는다.	A cat doesn't call him and her sweeties.
19	한 소년은 두부와 나를 왕들이라고 부르니?	Does a boy call Dooboo and me kings?
20	한 강아지는 나의 엄마와 아빠를 귀염둥이라고 부르니?	Does a dog call my mom and dad sweethearts?

1	나는 아빠를 배고프게 만든다.	I make dad hungry.
2	너는 엄마를 화나게 만든다.	You make mom angry.
3	그들은 그녀를 피곤하게 만든다.	They make her tired.
4	나의 엄마와 아빠는 한 강아지를 행복하게 만든다.	My mom and dad make a dog happy.
5	우리는 그를 어리게 만들지 않는다.	We don't make him young.
6	너희는 그것을 작게 만들지 않는다.	You don't' make it small.
7	너와 나는 두부를 용감하게 만들지 않는다.	You and I don't make Dooboo brave.
8	그와 그녀는 한 고양이를 뚱뚱하게 만들지 않는다.	He and she don't make a cat fat.
9	나는 아빠를 배고프게 만드니?	Do I make dad hungry?
10	너는 엄마를 화나게 만드니?	Do you make mom angry?
11	우리는 그를 어리게 만드니?	Do we make him young?
12	그녀는 그들을 피곤하게 만든다.	She makes them tired.
13	두부는 너와 나를 용감하게 만든다.	Dooboo makes you and me brave.
14	한 강아지는 나의 엄마와 아빠를 행복하게 만든다.	A dog makes my mom and dad happy.
15	엄마는 너를 화나게 만들지 않는다.	Mom doesn't make you angry.
16	그녀는 그들을 피곤하게 만들지 않는다.	She doesn't make them tired.
17	두부는 너와 나를 용감하게 만들지 않는다.	Dooboo doesn't make you and me brave.
18	엄마는 너를 화나게 만드니?	Does mom make you angry?
19	그녀는 그들을 피곤하게 만드니?	Does she make them tired?
20	두부는 너와 나를 용감하게 만드니?	Does Dooboo make you and me brave?

1	나는 아빠가 자고 있는 것을 본다.	I see dad sleeping.
2	두부와 나는 한 소년이 박수치고 있는 것을 본다.	Dooboo and I see a boy clapping.
3	나의 엄마와 아빠는 한 강아지가 울고 있는 것을 본다.	My mom and dad see a dog crying.
4	너는 엄마가 춤추고 있는 것을 보지 않는다.	You don't see mom dancing.
5	한 고양이와 한 강아지는 한 소녀가 뛰고 있는 것을 보지 않는다.	A cat and a dog don't see a girl jumping.
6	그들은 그녀가 달리고 있는 것을 보니?	Do they see her running?
7	나의 엄마와 아빠는 한 강아지가 울고 있는 것을 보니?	Do my mom and dad see a dog crying?
8	너희는 그것이 짖고 있는 것을 보니?	Do you see it barking?
9	그들은 그녀가 달리고 있는 것을 보지 않는다.	They don't see her running.
10	너와 나는 두부가 수영하고 있는 것을 보지 않는다.	You and I don't see Dooboo swimming.
11	한 강아지는 나의 엄마와 아빠가 울고 있는 것을 보지 않는다.	A dog doesn't see my mom and dad crying.
12	한 소년은 두부와 내가 박수치고 있는 것을 보지 않는다.	A boy doesn't see Dooboo and me clapping.
13	엄마는 너가 춤추고 있는 것을 본다.	Mom sees you dancing.
14	두부는 너와 내가 수영하고 있는 것을 본다.	Dooboo sees you and me swimmimg.
15	한 고양이는 그와 그녀가 오고 있는 것을 본다.	A cat sees him and her coming.
16	그는 우리가 걷고 있는 것을 보지 않는다.	He doesn't see us walking.
17	그녀는 그들이 달리고 있는 것을 보지 않는다.	She doesn't see them running.
18	그것은 너희가 짖고 있는 것을 보니?	Does it see you barking?
19	한 소녀는 한 고양이와 한 강아지가 뛰고 있는 것을 보니?	Does a girl see a cat and a dog jumping?

| 20 | 한 강아지는 나의 엄마와 아빠가 울고 있는 것을 보니? | Does a dog see my mom and dad crying? |

review 19-24

1	나는 아빠가 그림 그리게 허락한다.	I let dad draw.
2	그들은 그녀가 마시게 허락한다.	They let her drink.
3	너와 나는 두부가 놀게 허락한다.	You and I let Dooboo play.
4	나의 엄마와 아빠는 한 강아지가 걷게 허락한다.	My mom and dad let a dog walk.
5	너는 엄마가 떠나게 허락하지 않는다.	You don't let mom leave.
6	너희는 그것이 가게 허락하지 않는다.	You don't let it go.
7	두부와 나는 한 소년이 잠자게 허락하지 않는다.	Dooboo and I don't let a boy sleep.
8	우리는 그가 먹게 허락하니?	Do we let him eat?
9	두부와 나는 한 소년이 잠자게 허락하니?	Do Dooboo and I let a boy sleep?
10	나의 엄마와 아빠는 한 강아지가 걷게 허락하니?	Do my mom and dad let a dog walk?
11	한 고양이와 한 강아지는 한 소녀가 수영하게 허락하니?	Do a cat and a dog let a girl swim?
12	한 소년은 두부와 내가 잠자게 하락한다.	A boy lets Dooboo and me sleep.
13	한 소녀는 한 고양이와 한 강아지가 수영하게 허락한다.	A girl lets a cat and a dog swim.
14	엄마는 너가 떠나게 허락하지 않는다.	Mom doesn't let you leave.
15	그녀는 그들이 마시게 허락하지 않는다.	She doesn't let them drink.
16	그것은 너희가 가게 허락하지 않는다.	It doesn't let you go.
17	아빠는 내가 그림 그리게 허락하니?	Does dad let me draw?
18	엄마는 너가 떠나게 허락하니?	Does mom let you leave?
19	그녀는 그들이 마시게 허락하니?	Does she let them drink?

| 20 | 한 고양이는 그와 그녀가 노래하게 허락하니? | Does a cat let him and her sing? |

review 25-30

1	나는 아빠가 춤추기를 원한다.	I want dad to dance.
2	우리는 그가 요리하기를 원한다.	We want him to cook.
3	너희는 그것이 날기를 원한다.	You want it to fly.
4	너와 나는 두부가 발구르기를 원한다.	You and I want Dooboo to stomp.
5	한 고양이와 한강아지는 한 소녀가 총총뛰기를 원한다.	A cat and a dog want a girl to hop.
6	그와 그녀는 한 고양이가 체크하기를 원한다.	He and she want a cat to check.
7	그들은 그녀가 가기를 원하지 않는다.	They don't want her to go.
8	너와 나는 두부가 발구르기를 원하지 않는다.	You and I don't want Dooboo to stomp.
9	두부와 나는 한 소년이 그네타기를 원하지 않는다.	Dooboo and I don't want a boy to swing.
10	나의 엄마와 아빠는 한 강아지가 일어나기를 원하지 않는다.	My mom and dad don't want a dog to get up.
11	나는 아빠가 춤추기를 원하니?	Do I want dad to dance?
12	우리는 그가 요리하기를 원하니?	Do we want him to cook?
13	한 고양이와 한 강아지는 한 소녀가 총총뛰기를 원하니?	Do a cat and a dog want a girl to hop?
14	엄마는 너가 노래하기를 원한다.	Mom wants you to sing.
15	그것은 너희가 날기를 원한다.	It wants you to fly.
16	그것은 너희가 날기를 원하지 않는다.	It doesn't want you to fly.
17	한 소녀는 한 고양이와 한 강아지가 총총뛰기를 원하지 않는다.	A girl doesn't want a cat and a dog to hop.
18	그것은 너희가 날기를 원하니?	Does it want you to fly?

| 19 | 한 소년은 두부와 내가 그네타기를 원하니? | Does a boy want Dooboo and me to swing? |
| 20 | 한 강아지는 나의 엄마와 아빠가 일어나기를 원하니? | Does a dog want my mom and dad to get up? |

Chapter 1~5 all review 1

1	나는 아빠를 슈퍼맨이라고 부른다.	I call dad a superman.
2	우리는 그를 왕자라고 부르지 않는다.	We don't call him a prince.
3	두부와 나는 한 소년을 왕이라고 부르지 않는다.	Dooboo and I don't call a boy a king.
4	두부와 나는 한 소년을 왕이라고 부르니?	Do Dooboo and I call a boy a king?
5	그것은 너희를 아기라고 부르지 않는다.	It doesn't call you a baby.
6	한 소년은 두부와 나를 왕들이라고 부르니?	Does a boy call Dooboo and me kings?
7	너희는 그것이 짖고 있는 것을 보니?	Do you see it barking?
8	한 강아지는 나의 엄마와 아빠를 귀염둥이들이라고 부르니?	Does a dog call my mom and dad sweethearts?
9	나는 아빠가 자고 있는 것을 본다.	I see dad sleeping.
10	두부와 나는 한 소년이 박수치고 있는 것을 본다.	Dooboo and I see a boy clapping.
11	너희는 그것을 작게 만들지 않는다.	You don't make it small.
12	그는 우리를 어리게 만들지 않는다.	He doesn't make us young.
13	그와 그녀는 한 고양이를 뚱뚱하게 만들지 않는다.	He and she don't make a cat fat.
14	나는 아빠를 배고프게 만드니?	Do I make dad hungry?
15	엄마는 너를 화나게 만들지 않는다.	Mom doesn't make you angry.
16	엄마는 너를 화나게 만드니?	Does mom make you angry?
17	그녀는 그들을 피곤하게 만드니?	Does she make them tired?

18	한 강아지는 나의 엄마와 아빠가 울고 있는 것을 보지 않는다.	A dog doesn't see my mom and dad crying.
19	한 소년은 두부와 내가 박수치고 있는 것을 보지 않는다.	A boy doesn't see Dooboo and me clapping.
20	엄마는 너가 춤추고 있는 것을 본다.	Mom sees you dancing.

Chapter 1~5 all review 2

1	한 고양이는 그와 그녀가 오고 있는 것을 본다.	A cat sees him and her coming.
2	그는 우리가 걷고 있는 것을 보지 않는다.	He doesn't see us walking.
3	한 소녀는 한 고양이와 한 강아지가 뛰고 있는 것을 보니?	Does a girl see a cat and a dog jumping?
4	한 강아지는 나의 엄마와 아빠가 울고 있는 것을 보니?	Does a dog see my mom and dad crying?
5	우리는 그가 먹게 허락하니?	Do we let him eat?
6	두부와 나는 한 소년이 잠자게 허락하니?	Do Dooboo and I let a boy sleep?
7	그녀는 그들이 마시게 허락하지 않는다.	She doesn't let them drink.
8	그것은 너희가 가게 허락하지 않는다.	It doesn't let you go.
9	그녀는 그들이 마시게 허락하니?	Does she let them drink?
10	한 고양이는 그와 그녀가 노래하게 허락하니?	Does a cat let him and her sing?
11	그와 그녀는 한 고양이가 체크하기를 원한다.	He and she want a cat to check.
12	우리는 그가 요리하기를 원하니?	Do we want him to cook?
13	한 고양이와 한 강아지는 한 소녀가 총총뛰기를 원하니?	Do a cat and a dog want a girl to hop?
14	엄마는 너가 노래하기를 원한다.	Mom wants you to sing.
15	그것은 너희가 날기를 원한다.	It wants you to fly.
16	그것은 너희가 날기를 원하지 않는다.	It doesn't want you to fly.

17	한 소녀는 한 고양이와 한 강아지가 총총뛰기를 원하지 않는다.	A girl doesn't want a cat and a dog to hop.
18	그것은 너희가 날기를 원하니?	Does it want you to fly?
19	한 소년은 두부와 내가 그네타기를 원하니?	Does a boy want Dooboo and me to swing?
20	한 강아지는 나의 엄마와 아빠가 일어나기를 원하니?	Does a dog want my mom and dad to get up?

단어 정리

A	
angry	화난

B	
baby	아기
barking	짖고 있는
boy	소년
brave	용감한

C	
call	부르다
cat	고양이
check	체크하다
clapping	박수치고 있는
coming	오고 있는
cook	요리하다
crying	울고 있는

D	
dad	아빠
dance	춤추다
dancing	춤추고 있는
dog	강아지
Dooboo	두부(이름)
draw	그리다

drink	마시다

E	
eat	먹다

F	
fat	뚱뚱한
fly	날다

G	
genius	천재
get up	일어나다
girl	소녀
go	가다

H	
happy	행복한
he	그
hop	총총뛰다
hungry	배고픈

I	
I	나
it	그것

J	
jumping	뛰고 있는

K	

king	왕

L	
let	허락하다
leave	떠나다

M	
make	만들다
mom	엄마

P	
play	놀다
prince	왕자
princess	공주

Q	
queen	왕비

R	
rich	부유한
running	달리고 있는

S	
see	보다
she	그녀
sing	노래하다
sleep	잠자다
sleeping	자고있는

sleepy	졸린
small	작은
stomp	발 구르다
superman	슈퍼맨
superwoman	슈퍼우먼
sweetheart	귀염둥이
sweetie	스위티
swim	수영하다

swimming	수영하고 있는
swing	그네 타다
T	
they	그들
tired	피곤한
W	
walk	걷다
walking	걷고 있는

want	원하다
we	우리
Y	
you	너
young	어린

MEMO

164